der
hospiz
verlag

HEIDI MAGERL

Das Taschenbuch für TRAUERNDE

für alle, die einen geliebten Menschen verloren haben

Warum dieses Buch?

> *„Ein guter Freund hat seine Frau kürzlich durch eine Krebserkrankung verloren. Er spricht nicht darüber und ich weiß auch nicht, wie ich mit ihm sprechen kann. Wir sind beide sprachlos. Gibt es nicht etwas, was ich ihm an die Hand geben und was ihm hilfreich sein könnte?“*

Diese und ähnliche Aussagen und Anfragen haben mich dazu veranlasst, dieses Buch in Angriff zu nehmen. Es ist gedacht für Menschen in Trauer, die aktuell einen tiefgreifenden, schwerwiegenden und einschneidenden Verlust verkraften und in ihr weiteres Leben integrieren müssen sowie für alle, die Trauernden etwas Hilfreiches und Wissenswertes schenken und an die Hand geben möchten.

EINFÜHRUNG

Es steht außer Frage, wir alle kennen die Trauer, denn Abschiede und Verluste gehören zu den Grunderfahrungen unseres Lebens. Wir durchleben fortwährend kleine, manchmal harmlose, dramatische, schmerzliche, aber auch erlösende Abschiede. Zu den schmerzlichsten Erschütterungen unseres Lebens gehört es, wenn wir einen geliebten Menschen verlieren. Das bedeutet für uns den Verlust des Wertvollsten, was wir auf dieser Welt überhaupt kennen. Wir sind dann gefordert, mit all unseren geistigen, seelischen, sozialen und spirituellen Kräften solch einen Verlust in unser zukünftiges Leben zu integrieren. Aber wie soll das gehen und können wir in unserem zukünftigen Leben je wieder glücklich werden und Freude empfinden?

Als Trauernde passen wir vorübergehend nicht mehr in unsere Welt, die durch Schnelllebigkeit, Funktionalität, Selbstoptimierung und einem Zwang zum Glücklichsein geprägt ist. Wir können in unserer Not den gesellschaftlichen Erwartungen vorrübergehend nicht mehr genügen und es fällt uns unsagbar schwer, unseren gewohnten Alltagsherausforderungen gerecht zu werden. Haben wir etwas Geliebtes verloren, sind wir auf uns selbst zurückgeworfen, fühlen uns orientierungslos und haben vorerst keine Idee, wie wir allein weiterleben sollen und wie unser Leben weitergehen kann.

Der Umgang mit unserer persönlichen Trauer ist der Schlüssel dazu. Trauer ist schmerzlich, kostbar und heilsam zugleich. Wie wir mit ihr umgehen, prägt unser zukünftiges Leben entscheidend. Gelebte Trauer kann, wenn der Weg auch schmerzlich ist, ein Vehikel zur Reifung sein in ein neues gewandeltes, aber wieder hoffnungsvolles Leben. Nicht gelebte Trauer kann unseren Lebensfrieden empfindlich zerstören und uns sogar krank machen. Wir sollten die Trauer in unser Leben hineinlassen, anstatt sie abzuwehren. So können wir mit ihrer Hilfe unseren persönlichen Weg finden.

Wir Menschen lieben schnelle Lösungen. Müssen wir einen Abschied verkraften, funktioniert das nicht. Trauer braucht Zeit und Raum. Was uns hilfreich sein kann, sind Menschen, die uns in unserer Not (aus)halten können, grundlegendes Wissen um das Trauergeschehen sowie eine endliche Lebenshaltung, in der Abschiede sein dürfen. Auch brauchen wir wieder Zugang zu unseren vorrübergehend verloren gegangenen persönlichen Ressourcen und etwas Mut! Das wünsche ich Ihnen!

Dieses Buch bietet Ihnen Orientierung im Trauerprozess und ist als Lei(t)dfaden gedacht, der Sie durch Ihre Trauer leitet und in dem Sie sich als Trauernde in ihrem Leid wiederfinden und verstehen können. Es macht Herausforderungen deutlich, die ein schmerzlicher Verlust mit sich bringt, zeigt Ihnen aber gleichzeitig einen ressourcenorientierten Weg durch die Trauer, hin zu einem neuen, wenn auch gewandelten, aber hoffnungsvollen zukünftigen Leben.

Sie können das Buch von Anfang bis zum Ende lesen, sich einzelne Themen herausnehmen oder es immer hervorholen, wenn wieder einmal Ihre Trauer anklopft, Sie sich selbst verstehen möchten und Unterstützung benötigen.

Heidi Magerl, im März 2024

1

DIE ERSTE ZEIT NACH DEM ABSCHIED

Was wir erleben und wie es uns geht

Fassungslos und erschüttert
Es gibt viel zu tun
Wie Freunde reagieren können
Gefühlschaos und Gedankenkarussell
Schmerz lass nach!
Was uns Angst machen kann
Was uns hilfreich sein kann

Vielleicht haben Sie Ihre Partnerin oder ihren Partner, ein Kind, eine Schwester oder einen Bruder, ihre Eltern, eine Freundin oder einen Freund verloren. Vielleicht wurden Sie verlassen, oder Sie selbst haben sich getrennt. Vielleicht müssen Sie von ersehnten Lebenswünschen Abschied nehmen, etwa von Ihrem Kinderwunsch. Vielleicht leiden Sie aber auch an einem Verlust, der keine gesellschaftliche Anerkennung findet. Eventuell beklagen Sie den Verlust eines Menschen als heimliche Geliebte oder Geliebter. Vielleicht haben Sie eine Schwangerschaft beendet und betrauern zutiefst das verlorene Kind. Um nur einige schmerzliche Abschiedsmöglichkeiten zu nennen.

Eine Frau und Mutter zweier Kinder, die ihren Mann durch eine Krebserkrankung verloren hat, schildert ihre Situation:

> *„Die schreckliche Krebsdiagnose von meinem Mann und die damit verbundene baldige Erkenntnis, dass er keine Überlebenschance haben wird, in einer für uns eigentlich hoffnungsfrohen Zeit, verbunden mit noch vielen gemeinsamen Lebenswünschen, habe ich als eine unfassbare Lebensaggression gegen mich und meine Kinder erlebt. Heute noch kommt mir manchmal das, was daraufhin als Dynamik losbrach - Angst, Hoffnung, Chemotherapien, Operationen, der gnadenlose körperliche Abbau, Pflege, die Erkenntnis für meinen Mann, lernen zu müssen, wie loslassen und sterben geht, und die Aufgabe für mich und die Kinder, ihn loslassen zu müssen, ihn für immer zu verlieren - vor, wie ein unwirklicher Film, der sich selbst dreht und wir lediglich die Statisten waren.*
>
> *Ich glaube, erst jetzt, wo er bereits über ein Jahr tot ist, verstehen unsere Seelen langsam, was eigentlich passiert*

ist und was sein Tod für unser weiteres Leben bedeutet. Nichts ist mehr, wie es einmal war. Alle gemeinsam erhofften Lebenspläne und Wünsche, gemeinsames Altwerden, fallen von einer Sekunde auf die andere mit der Aussage eines Arztes ‚schlechte Prognose' wie ein Kartenhaus in sich zusammen.

Gott sei Dank habe ich recht schnell Menschen kennenlernen dürfen, die mir und meinen Kindern beigestanden sind und mir über manche schier unüberwindlich erscheinende Schwelle helfen konnten.

Auch meine langjährige, beste Freundin ist in dieser schweren Zeit verlässlich an meiner Seite. Dafür bin ich ihr zutiefst dankbar.

Das Schlimmste war für mich die Frage, wie sag ich´s meinen Kindern, wie kann ich sie in diesem Prozess ihrem Alter entsprechend mitnehmen, ihnen die Wahrheit sagen, ohne sie mit einer der schmerzlichsten Realitäten, die das Leben zu bieten hat, zu erschlagen? So, dass sie weiterhin Vertrauen in das Leben behalten und nicht ihren Lebensmut verlieren? Wie soll man einer 11- und einer 16-Jährigen erklären, dass ihr Vater mit nur 46 Jahren schon sterben muss?

Oft war ich qualvoll verzweifelt. An der Wahrheit des Sterbens und des Todes an sich und an meinem existenziellen Druck, der Angst, uns allein finanziell nicht über die Runden bringen zu können.

So ein heftiger Verlust schlägt tiefe Wunden in das Herz und in die Seele, raubt vorübergehend alle Lebenskraft, Hoffnung, Energie und Mut zum Weiterleben.

Plötzlich war ich gezwungen, nochmals eine komplett neue Haltung zu mir selbst, zu den Menschen, zum Leben und zur Welt zu finden, denn die alte Welt hat keine Gültigkeit mehr. Unser aller Sterblichkeit wird sehr schmerzlich spürbar.

Die Welt ist nicht gerecht. Es ist nicht gerecht, dass mein Mann schon mit 46 Jahren von dieser Welt gehen muss. Es ist nicht gerecht, dass meine Kinder ihren Vater schon so früh unwiederbringlich verlieren. Wer soll ihnen zukünftig den Rücken stärken? Wer ihnen väterliche Sicherheit bieten? Warum trifft es gerade uns? Warum meinen Mann? Er hat gesund gelebt und trotzdem ist er so schwer erkrankt und musste so früh gehen.

Wir gehen langsam, Schritt für Schritt und allmählich gibt es kleine Lichtblicke. Ich versuche sie wahrzunehmen und mich daran festzuhalten, denn sich selbst halten können, wenn man eigentlich jemanden braucht, der einen hält, ist in solch einer existenziellen Lebenskrise das Schwerste.

Es ist so unsagbar schwer, sich in einem neuen Leben ohne den Verlorenen zurechtzufinden und allein wie amputiert in der Welt zu stehen und in die Zukunft zu gehen. Aber das Leben geht gnadenlos weiter und es gibt kein Zurück.

Langsam kämpfe ich mich in unser zukünftiges Leben und versuche, mich damit anzufreunden. Das Einzige, was hilft, sind Menschen, die bedingungslos anteilnehmen und mich aushalten können."

Ereignen sich in unserem Leben solche tiefgreifenden Verluste, stürzt uns diese Realität in eine persönliche Krise.

Sie erschüttert uns bis ins Mark, verunsichert und ängstigt uns. Sie zwingt uns zu reifen und wir sind gefordert, damit umzugehen und zu dieser überaus schmerzlichen Wahrheit eine persönliche Haltung zu finden. Der Abschied von einem geliebten Menschen bedeutet für uns das Durchleben eines dynamischen Wandlungsprozesses, der existenzielle Veränderungen und Leid für unser Leben mit sich bringt.

Das ist sehr anstrengend und kostet uns viel Lebenskraft. In diesem geschwächten Zustand stehen wir vor der Aufgabe, den Verlust unseres geliebten Angehörigen verkraften zu müssen.

Fassungslos und erschüttert

„Ich konnte den Satz, dass mein Mann mich nach 35 Ehejahren wegen einer jüngeren Frau verlassen hat, monatelang nicht aussprechen. Ich wusste es zwar, aber ich konnte es nicht glauben."

„Der Arzt sagte während des Ultraschalls: ‚Das Kind ist tot. Ich höre keine Herztöne mehr.' Diese Aussage machte mich fassungslos. Ich habe die ganze Zeit immer nur gedacht: Das kann nicht sein, das kann nicht sein ... Ich konnte es nicht fassen und ich habe gespürt, dass mit meinem Kind auch ein Teil von mir gestorben ist."

Geliebte Menschen, die wir verlieren und von denen wir Abschied nehmen müssen, lassen uns fassungslos zurück. Wir können im wahrsten Sinne des Wortes nicht fassen, was geschehen ist. Wir versuchen das Geschehene zu erfassen, indem wir zum Beispiel anderen den Hergang der schmerzlichen Situation immer und immer wieder schildern oder einzelne Szenen, die wir erlebt haben, immer wieder gedanklich durchspielen. So, als würden wir versuchen, das Geschehene und uns selbst wieder in eine Fassung zu bringen. Es bleibt für uns aber unfassbar und unsere Seele ist vorerst mit dieser Lebens- und Krisensituation überfordert.

Erfahren wir von einem einschneidenden Verlust, geht es anfänglich erst einmal darum, irgendwie unser eigenes, alltägliches Überleben zu sichern.

> *„Als ich vom Tod meiner Tochter erfahren habe, war ich völlig überfordert, verwirrt und orientierungslos. Die Welt um mich herum habe ich wie durch eine undurchsichtige Glocke erlebt. Ich konnte die grundlegendsten Dinge nicht mehr. Ich habe vergessen zu essen, zu trinken und an schlafen war auch nicht mehr zu denken. Erst allmählich habe ich mit Hilfe anderer wieder zu den alltäglichen Dingen zurückfinden können."*

Unsere Seele ist verletzt und braucht Zeit, damit sie wieder heilen kann. Sie braucht Zeit, um das Geschehene und die damit verbundenen grundlegenden Veränderungen im Hinblick auf unser zukünftiges Leben zu verstehen.

Wenn wir einen Verlust verschmerzen müssen, löst dies vielfältigen Reaktionen aus. Vielleicht rebellieren Sie anfänglich oder Sie lehnen sich auf, wehren das Geschehene ab oder leugnen die Realität. Vielleicht sehen Sie kein Licht am Ende des Tunnels, klagen und sind verzweifelt. Es kann sein, dass Sie zunächst nichts spüren und sich wie erstarrt fühlen und einfach weiterleben wie bisher. So, als sei nichts geschehen. Es kann aber auch sein, dass Sie von Ihrer Gefühlwelt überflutet werden und haltlos weinen müssen, auch an Orten, wo es Ihnen zutiefst unangenehm ist.

> *„Ich bin in einen Bus eingestiegen und beim Kaufen des Tickets schossen mir ungewollt Tränen in die Augen. Der Schaffner war verwirrt und gefühlt alle Fahrgäste richteten ihre Blicke auf mich. Es war mir so unsagbar peinlich. Ich entschuldigte mich bei dem Busfahrer und sagte, dass vor kurzem mein Mann gestorben sei. Ich schämte mich sehr.“*

Es ist für uns immer unangenehm und schwierig, wenn wir die Kontrolle über uns und unsere Gefühlswelt verlieren. Wir haben in solchen entgleisten Situationen das Gefühl unser Gesicht zu verlieren. Andere, fremde Menschen sehen uns in einem Zustand, den wir gerne vor der Außenwelt verbergen möchten.

Es gibt viel zu tun

Wenn wir einen Menschen durch den Tod verloren haben, ist vorerst wenig Zeit und Raum für unsere Trauer. Die erste Zeit nach dem Verlust ist durch Aktionismus geprägt. Es gibt unsagbar viel zu tun und zu erledigen. Die Beerdigung muss organisiert, Einladungen müssen verschickt, die Trauerfeier muss organisiert werden. In dieser Zeit erhalten wir viel gut gemeinten Zuspruch von unserem Umfeld. Nachbarn, Freunde und Arbeitskollegen nehmen Anteil, schreiben uns, rufen an, kommen vorbei, nehmen an der Beerdigung teil, bringen ihr Mitgefühl zum Ausdruck und bieten ihre durchaus ehrlich gemeinte Hilfe an.

„Ich bin immer für dich da. Du kannst mich jederzeit anrufen!“

Wir haben aber in dieser Phase nicht die Kraft, uns zu melden, wenn es uns schlecht geht. Wir schaffen es meist nicht anzurufen und um Hilfe zu bitten. Wir sind darauf angewiesen, dass andere auf uns zukommen.

Auch wenn wir in dieser aktivitätsgeprägten Zeit sehr sortiert, aufgeräumt und stark wirken, die anliegenden Aufgaben erfüllen und abarbeiten, die Beerdigung und die Trauerfeier überstehen, sind wir doch geschwächt, orientierungslos und überfordert. Aktionismus kann uns vorübergehend schützen und verhindern, dass wir uns in unserem Leid spüren. Erst wenn alles erledigt ist und Ruhe einkehrt, kommen wir mit unserer Trauer in Berührung. Wir spüren allmählich unseren Schmerz und unsere Einsamkeit und unsere Seele ahnt intuitiv, dass alle gemeinsamen Lebenswünsche und unser gewohnter Alltag mit dem geliebten Menschen unwiederbringlich verloren sind. Nichts ist mehr so, wie es einmal war und wir wissen nicht, wie wir allein weiterleben sollen. Unser Leben erscheint uns sinnlos und wir sind gezwungen, für unser Leben wieder einen neuen Sinn zu finden. Wir haben vorerst keine Idee, wie das gehen kann.

Nach einer Trennung oder nach dem Tod eines geliebten Menschen wird uns gesellschaftlich lediglich eine kurze Trauerzeit zugestanden. Spätestens nach ein paar Wochen soll alles wieder in Ordnung sein. Erscheint die Trauer unserem Umfeld zu tief und zu lange, ist sie schnell unerwünscht. Offenkundige Äußerungen von Trauer werden als unangenehm empfunden und als Charakterschwäche ausgelegt. So werden wir gefühlt zur Belastung für Gesellschaft, Freunde und

Angehörige. Es wird von uns erwartet, dass bald alles wieder so sein soll, wie es vorher war und wir sollen wieder funktionieren.

Als offenkundig Trauernde verunsichern wir unsere Mitmenschen. Wir passen nicht mehr in das Berufs- noch in das Alltags- oder das gesellige Privatleben in der Freizeit. Gefühlsausbrüche sind im gesellschaftlichen Alltag eher unerwünscht und finden deshalb einsam zuhause, in unseren eigenen vier Wänden statt. Nach einem Schicksalsschlag möglichst schnell wieder zur Tagesordnung zurückzukehren gilt als Stärke. Die Wahrheit ist jedoch, dass jetzt erst unser eigentlicher Trauerweg beginnt und wir für unsere Trauer Raum, Zeit und ein Gegenüber brauchen. Wir brauchen in unserer Not Menschen, die uns verstehen, begleiten und aushalten können.

Wie Freunde reagieren können

Viele Trauende haben das Gefühl, mit und in ihrer Not Zumutung und Belastung für andere zu sein. Wir befinden uns in einer Krise und sind deshalb in unserem Verhalten verändert, belastet und können in der Begegnung mit anderen nicht mehr so sein, wie sie es von uns gewohnt waren. Wir sind bedürftig, verletzlich und empfindlich. Vielleicht ist es für unsere Freunde auch nicht so einfach, unser Anderssein zu verstehen und damit umzugehen. Es gibt Zeiten im Leben, da geht es uns gut und wir können selbstverständlich für andere da sein. Durchleben wir eine Krise, können auch wir einmal Belastung sein und sind darauf angewiesen, dass andere für uns da sind und uns aushalten können.

Nicht alle Menschen, denen wir in unserer Not begegnen, bringen uns Verständnis und Mitgefühl entgegen. Vielleicht kennen Sie folgende Sätze aus eigener Erfahrung:

- Du bist doch noch jung, du kannst doch noch viele Kinder bekommen
- Jetzt ist es doch schon so lange her
- Du musst mit deiner Trauer endlich abschließen
- Das Leben geht weiter
- Manchmal muss man sich zusammenreißen
- Das Ganze wird schon seinen Sinn haben
- Jede Krise birgt auch eine Chance
- Du wirst gestärkt aus dieser Krise hervorgehen
- Du musst jetzt positiv denken

Solche Aussagen sind vielleicht als Trost gedacht. In Wirklichkeit aber belasten sie uns zusätzlich und sind nicht hilfreich. Im Gegenteil. Sie verstärken das ohnehin manchmal vorhandene Gefühl in uns, der Situation und den Herausforderungen nicht gewachsen zu sein.

Wir können auch die Erfahrung machen, dass die Anteilnahme unserer Freunde und Zugehörigen sehr begrenzt ist. Manche Freunde, Angehörige oder auch Kollegen können aufgrund der Krisensituation nicht mehr mit uns umgehen. Es kann sein, dass sie sich abwenden, obwohl wir überzeugt waren, dass sie in Krisenzeiten an unserer Seite sein werden. Das sind schmerzliche Enttäuschungen, in denen eine Täuschung sichtbar wird.

> *„Ich habe mich in meinem Freund getäuscht. Seit meine Frau mich verlassen hat, meldet er sich nur noch selten und ich merke deutlich, dass es ihm unangenehm ist mit*

mir zu sprechen und er auch nicht so richtig mit mir umzugehen weiß."

„Seit mein Kind gestorben ist, fühle ich mich wie rausgekickt. Die Welt da draußen erwartet von mir, dass ich wieder funktioniere. Aber ich kann einfach nicht und fühle mich zutiefst einsam. Selbst mein bester Freund hat sich zurückgezogen und rar gemacht. Das hätte ich nie für möglich gehalten."

Warum ist das so?

Wenn wir in Trauer sind und einen Menschen an den Tod verloren haben oder durch eine Trennung in das Leben freigeben mussten, kleben gefühlt Tod und Endlichkeit an uns. Unser Zustand erinnert andere an die Verletzlichkeit unseres Seins. Wir lösen in unserem Umfeld Ängste aus. Viele Menschen haben Angst, dass solch ein Schicksalsschlag auch sie ereilen könnte. Das führt bei vielen zu einem Abwehr- und Vermeidungsverhalten. Sie sind mit der Situation und dem Thema Abschied nehmen überfordert.

„Eine Kommilitonin und langjährige Freundin hat sich nach dem Tod meiner Tochter nie mehr bei mir gemeldet. Das habe ich ihr sehr übelgenommen. Drei Jahre später kam unerwartet ein Paket von ihr mit einem Schutzengel und einem Brief. Sie schrieb mir, dass sie mit meiner Situation damals völlig überfordert war, da sie selbst gerade eine Brustkrebserkrankung mit allen Höhen und Tiefen durchlebt hatte und von Sterben, Tod und Trauer persönlich unbedingt Abstand brauchte. Im Nachhinein konnte ich das

verstehen, in der akuten Situation damals hat es mich sehr gekränkt."

Wir können aber auch erfahren, dass Freunde, Kollegen, Nachbarn oder Angehörige, mit deren Hilfe wir niemals gerechnet hätten, plötzlich unerwartet für uns da sind.

Doch was unterscheidet die einen von den anderen?

Menschen, in deren Lebenshaltung Sterben, Tod und Abschiede sein dürfen, schaffen es, in Trauerzeiten an unserer Seite zu sein. Sie haben bewusst oder unbewusst die Realität der menschlichen Verletzlichkeit sowie Tod und Trauer in ihr Leben integrieren können. Meist haben sie in ihrer Biografie selbst einen Verlust erlitten und wissen aus ihrer Erfahrung, wie notwendig Empathie, Beistand und Resonanz sind, damit die Not sich wenden kann.

Gefühlschaos und Gedankenkarussell

Trauer drückt sich durch unsere Gefühle aus. Sie erfüllt als Emotion eine wichtige Aufgabe und ist, ebenso wie die Liebe, eine der wichtigsten bindungsstiftenden Emotionen. Ihr Ausdruck kann intuitiv verstanden werden. Bei Kindern können wir dies in Reinform beobachten. Wenn Kinder etwas verloren haben, lösen ihre Tränen bei uns Mitgefühl, zwischenmenschlichen Kontakt und Bindung aus, was ihnen in solch einer Notsituation natürlich hilfreich ist. Genau das ist es, was wir als trauernde Erwachsene ebenfalls am dringendsten benötigen. Das Dilemma ist, es passiert oft genau das Gegenteil. Das ist für uns verletzend, weil wir für unser Leid kein Gegenüber finden.

Zahlreiche Gedanken können nach einem Verlust auftauchen, die für uns verwirrend und belastend sein können und die uns als unannehmbar erscheinen:

- Ich sehe überall nur noch Paare, ich bin allein und einsam.
- Was habe ich denn verbrochen, dass ausgerechnet mein(e) Partner(in) mitten aus dem Leben gerissen wird?
- Ich bin so verzweifelt, sie haben ihn einfach sterben lassen.
- Meine Gedanken drehen sich im Kreis, immer und immer wieder.
- Ich hasse die Menschen, alle dürfen weiterleben, mein Mann musste sterben.
- Niemand versteht mich. Ich möchte am liebsten auch sterben.
- Ich bin mit meinem Schmerz allein. Wie soll ich ihn aushalten?
- Wie kann Gott mir so etwas antun und meine Tochter vor mir sterben lassen?

Manchmal quälen uns Warum-Fragen:

- Warum hat meine Liebe nicht ausgereicht, um dich zu halten?
- Warum soll ich weiterleben ohne dich? Das macht doch keinen Sinn.
- Warum müssen Menschen sterben?
- Ich habe nichts verbrochen, warum tut mir das Schicksal so etwas an?

Das Gedanken-Karussell kann sich unaufhörlich drehen, tags und nachts. Das ist sehr quälend sein, weil wir anfänglich auf all unsere Fragen und Gedanken keine Antworten finden. Es sind jedoch Fragen mit Aufforderungscharakter, uns zukünftig der Realität und den damit verbundenen Veränderungen zu stellen, zu reifen und zu wachsen. Wir verlieren in dieser Krisenzeit unseren gewohnten Sinnfaden und brauchen Zeit, um neue, vielleicht angepasste Antworten zu finden für die sich aufdrängenden Lebensfragen. Sie rütteln an unserem bisherigen Weltbild und fordern uns heraus, uns neu in unserem Leben zu positionieren und eine endliche Lebenshaltung zu entwickeln, in der Sterben, Tod, Abschiede und Trauer dazugehören. Um für all diese Fragen Antworten für uns zu finden, brauchen wir Zeit und Raum für unsere Trauer.

Schmerz lass nach!

Ein bedeutender Verlust löst heftige Schmerzen aus. Trauerschmerz ist Seelenschmerz, der auch körperlich spürbar ist. Trauer ist keine Krankheit. Trotzdem fühlen sich manche Trauerreaktionen an wie eine körperliche oder seelische Erkrankung.

- Der Schmerz wird oft als zerreißend, erdrückend oder bohrend beschreiben:
- Der Schmerz bohrt mir im Magen
- Er lastet auf meinen Schultern
- Ich habe das Gefühl, der Schmerz zerreißt mich
- Der Schmerz fühlt sich an wie ein Stachel in meiner Seele
- Er nimmt mir die Luft zum Atmen

Auch unsere innere Gefühlswelt ist als Schmerz spürbar. Schwer aushaltbare Gefühle wie Enttäuschung, Verzweiflung, Einsamkeit, Verlassen sein und Ängste machen uns zu schaffen. Es brechen aber auch tiefe Liebesgefühle, die uns mit dem Verlorenen verbinden, unkontrolliert über uns herein. Sie kommen und gehen und begleiten uns eine Zeit lang immer wieder. Eventuell erscheinen sie uns als Chaos und unkontrollierbar, aber wir können darauf vertrauen, dass sie sich im Laufe der Zeit sortieren, sich abmildern und weniger intensiv und bedrohlich wirken.

Auch Schlaflosigkeit, Appetitlosigkeit, Weinkrämpfe, Stimmenhören und Überempfindlichkeit sind weit verbreitete, aber natürliche Reaktionen auf einen Verlust.

Um den Schmerz aushaltbar zu machen, werden uns von Ärzten Schlaf- und Schmerzmittel angeboten. Sie können uns vorrübergehend hilfreich sein und über die schlimmste, erste Zeit hinweghelfen, gerade wenn wir unter Schlafstörungen leiden. Jedoch sollten wir versuchen, bald wieder ohne auszukommen, da die Gefahr der Abhängigkeit gegeben ist. Auch über die Gefahr einer Suchtmittelabhängigkeit sollten wir uns bewusst sein. Erfahrungsgemäß lässt der tiefe Schmerz allmählich nach und wird aushaltbarer. Vor allem wenn wir Menschen haben, mit denen wir in unserer Not sprechen können.

Was uns Angst machen kann

Werden wir von einem geliebten Menschen verlassen, tauchen Ängste auf und treiben uns um, tags und vielleicht auch nachts in unseren Träumen:

- Was kommt jetzt alles auf mich zu?
- Werde ich den Herausforderungen allein gewachsen sein?
- Werde ich es schaffen genug Geld zu verdienen, um die Familie allein ernähren zu können?
- Wie komme ich mit meiner Einsamkeit zurecht?
- Wie soll ich ohne mein Kind weiterleben?
- Es wird in meinem Leben nichts mehr so sein, wie es war.
- Mein Leben ist jetzt auch vorbei. Ich werde nie mehr glücklich sein können.

Solche Ängste sind für uns schwer auszuhalten. Vor allen Dingen, wenn wir allein mit ihnen sind. Sie mit anderen zu teilen, mit Freunden, in Gesprächskreisen und Trauergruppen, kann uns sehr hilfreich sein und wir machen die Erfahrung, dass es nicht uns allein so geht, sondern alle Trauernden mit Ängsten zu kämpfen haben. Auch wenn es uns schwerfällt, ist es in solch einer Not wichtig, Hilfsangebote von anderen annehmen zu können. Vielleicht hilft es Ihnen, wenn sie überlegen, welche Personen jetzt für Sie wichtig sind.

Zwischen den Welten – Die Sehnsucht ‚nachzusterben'

> *„Der schier unaushaltbare Schmerz darüber, dass meine Frau nach 40-jähriger Ehe plötzlich und unerwartet gestorben ist, hat mir den Schlaf geraubt und die Situation war unaushaltbar. Ich konnte den Tag und die Nacht nicht mehr aushalten. Am liebsten wäre ich ihr hinterher gestorben."*

Als Trauernde sind wir Grenzgänger. Wir bewegen uns eine Zeit lang zwischen den Welten. Die alte, vertraute und vermeintlich sichere Welt gibt es nicht mehr. Eine neue ist unvorstellbar und nicht in Sicht. Das Leben draußen geht einfach weiter so, als ob nichts geschehen wäre. Durch den Verlust befinden wir uns in einer Umbruchsituation, die schwer aushaltbar ist. Wir machen Grenzerfahrungen zwischen Leben und Tod, im wahrsten Sinne des Wortes.

> *„Wenn ich schreibe, bin ich weder tot, noch lebe ich. Es ist ein dritter Zustand." (Adolf Muschg)*

Dieser von dem Schweizer Schriftsteller Muschg beschriebene Zustand lässt sich auf den Trauerprozess übertragen. Wir haben einen geliebten Menschen verloren und können gefühlt vor lauter Trauer und Schmerz weder aus eigener Kraft weiterhin aktiv am Leben teilnehmen, noch können wir uns weit genug verkriechen, um tot zu sein. Tot sein zu dürfen.

Hier entsteht manchmal eine Sehnsucht nachsterben zu wollen. In dieser Zwischenwelt fühlen wir uns zutiefst einsam und sind von anderen schwer zu erreichen. Es kommt aber darauf an, dass wir irgendwann wieder bewusst aus dieser Grenzsituation in das reale Leben zurückfinden.

Der Wunsch nachzusterben kann als eine häufige und natürliche Reaktion auf einen schweren Verlust gesehen werden. Der Nachsterbewunsch ist Ausdruck einer Grenzerfahrung und einer tiefen Sehnsucht und steht dafür, dass wir uns ein Leben ohne den Verlorenen vorerst nicht vorstellen können und vielleicht auch nicht zutrauen.

Wenn wir Freunden und Angehörigen von unseren Nachsterbegedanken erzählen, kann es sein, dass sie Angst haben, wir könnten uns selbst das Leben nehmen. Solche Gedanken sind aber völlig normal und in der Regel eine vorübergehende Krisenreaktion.

Zwischen den Welten - Die Sehnsucht nach Wiedervereinigung

> *„Ich möchte dich suchen (...) im Norden, im Süden in Wüsten und Steppen, in der tiefe des Meers... in Städten und Straßen, im Gewimmel von Menschen bis ans Ende der Welt. Deine Augen, deine Lippen, dein Lächeln, deine Wangen, dein Leben, deine Hände...Ich möchte dich suchen bis ans Ende der Welt. Ich möchte dich suchen. Ich kann dich nicht finden. Ich weiß, du bist tot." (Karl Guido Rey, 1998, 11)*

Karl Guido Rey beschreibt hier eindrücklich, dass die Liebe zwischen Menschen in ihrer Tiefe zu keinem Zeitpunkt spürbarer ist als in der Zeit des Abschieds und der Trauer. In unserer Sehnsucht nach dem Verlorenen machen wir die Erfahrung, dass zu keinem Zeitpunkt des Lebens die Liebe intensiver und bewusster gelebt wird.

In der ersten Zeit können wir in unserer Fassungslosigkeit getrieben und überwältigt sein von dieser tiefgründigen Sehnsucht als Ausdrucksform der gemeinsam gelebten und verlorenen, lebbaren Liebe. Es ist Ausdruck einer verzweifelten Suche nach dem geliebten, aber auf dieser Welt unwiederbringlich verlorenen Menschen. Diese Sehnsucht wird sich nicht erfüllen. Es ist die verzweifelte Suche nach etwas Unerfüllbaren und schmerzt uns sehr.

> *„Sehnsucht kann hier verstanden werden als eine besondere Ausdrucksform der einzigartigen Liebe, die beide verbunden hat, als Wunsch nach Wiedervereinigung oder nach symbiotischem Verweilen", wie Verena Kast es nennt. (Kast, 1986,8)*

Es braucht Zeit, bis die Seele versteht, was passiert ist und die Sehnsucht nach dem Verlorenen und der damit verbundene Schmerz nachlässt.

Bin ich noch normal?

Vielleicht denken Sie aufgrund von Erlebnissen und Wahrnehmungen, vornehmlich in der akuten Zeit, dass Ihre Reaktionen nicht mehr normal sind.

> *„Ich habe das Gefühl, ich werde allmählich verrückt."*
>
> *„Neulich dachte ich, dass ich meinen verstorbenen Mann auf der Straße gesehen habe, obwohl ich natürlich weiß, dass er tot ist."*
>
> *„Wenn ich morgens aufwache, höre ich die Stimme meiner verstorbenen Tochter. Vielleicht brauche ich einen Psychiater."*
>
> *„Manchmal ertappe ich mich dabei, dass ich mit meinem verstorbenen Sohn laut spreche oder ich suche und rufe*

ihn. Irgendwie habe ich Sorge, dass das alles nicht mehr normal ist."

Solche Wahrnehmungen kommen häufig vor und sind in der ersten Zeit völlig normal und gehören natürlicherweise zum Trauergeschehen. Unsere Seele ist durchlässiger und wir befinden uns in einem Zustand erhöhter Empfindlichkeit, aber auch Empfindsamkeit.

Wir spüren noch viel Nähe und heftige Trennungsemotionen, die uns mit dem Verlorenen verbinden. Mehr als im normalen Leben strömen Bilder, Erlebnisse und Wahrnehmungen in unser Tagesbewusstsein und wir können die Welt, uns selbst und andere sensibler wahrnehmen. (vgl. Magerl 2018,201-203)

All diese Empfindungen, Gedanken, Erlebnisse sind normal. Sie kommen und gehen und machen unsere anfängliche Überforderung, Ohnmacht und Orientierungslosigkeit deutlich. Wir können aber darauf vertrauen, dass sie sich mit der Zeit abmildern und weniger bedrohlich wirken.

Was uns hilfreich sein kann

„Sein Unglück ausatmen können, tief ausatmen, so dass man wieder einatmen kann. Und vielleicht sein Unglück sagen können, in Worten, in wirklichen Worten, die zusammenhängen und Sinn haben. Und die man selbst noch verstehen kann und vielleicht sogar irgendwer sonst verstehen könnte. Und weinen können. Das wäre schön und fast wieder Glück." (Erich Fried)

Verlässliche Beziehungen sind in der ersten Zeit der Schlüssel, um die Trauersituation für uns aushaltbar zu machen. Es gibt zahlreiche Möglichkeiten, wie wir in der Trauer auf einen Verlust reagieren können. Sie sind vielfältig und individuell und es gibt kein Richtig oder Falsch. In der Trauer weinen, klagen und hadern wir. Mit solchen Reaktionen ist unser Umfeld oftmals überfordert.

Hilfreiche Welten können sich eröffnen, wenn wir mit anderen ins Gespräch kommen können. Das eigen Leid in Worte fassen und aussprechen können, ist heilsam. Sprechen können, nimmt dem Unfassbaren und Schmerzvollen die Schärfe. Wirklich hilfreich kann uns jemand sein, der zuhören und uns in unserem Zustand der Trauer aushalten kann. Es können Personen sein, die Ihnen nahestehen. Es kann aber auch sein, dass Sie in Ihrer Not besser mit Menschen sprechen können, die Ihnen nicht so nahestehen.

Aushalten können uns vor allem Menschen, in deren Leben Sterben, Tod, Abschied und Trennung sein dürfen. In Zeiten der Trauer brauchen wir solche Menschen notwendigerweise, damit sich unsere Not wenden kann. Es tut gut, wenn wir uns nicht verstellen müssen, unsere Ängste benennen, unsere Gefühle zum Ausdruck bringen und so aus unserer Einsamkeit erlöst werden können. Sich gegenseitig Trauergeschichten erzählen, ohne große Erklärungsnot, verstanden werden, kann unseren Schmerz mildern.

Wir brauchen keinen schnellen Trost und wir möchten auch nicht über etwas hinweggetröstet werden. Trösten bedeutet nicht, das Leid schnell verschwinden zu lassen. Unsere Wunde wird nicht schnell heilen. Trost ist ein Beziehungsgeschehen. Wirklich hilfreich sind uns echte Beziehungsangebote.

Vielfältige Angebote für trauernde stellen Ambulante Hospiz- und Palliativ- Beratungsdienste zur Verfügung, die es bundesweit mittlerweile in jeder Stadt und in jedem Landkreis gibt. Sie bieten als Anlaufstelle Erstberatung, Einzelgespräche und Begleitung durch qualifizierte Trauerbegleiter an. Trauer-Cafés, Gesprächskreise sowie Trauerwandergruppen mit Gleichgesinnten runden die Angebotspalette ab. Die Angebote sind kostenfrei. Kontaktdaten finden Sie im Anhang dieses Buches.

2

WAS SIE ÜBER TRAUER WISSEN SOLLTEN

Grundlegendes zum Trauergeschehen

Trauer verstehen

Trauernde Menschen sind in unserer Gesellschaft unsichtbar. Wir haben gelernt, dass Trauer etwas Persönliches ist, das lediglich im Verborgenen stattfinden soll. Wir trauern allein zuhause, vielleicht auf dem Friedhof, ansonsten ist Trauer zur Privatsache deklariert und man soll sie möglichst nicht sehen. In Wirklichkeit gehören Verluste und Abschiede zu unserem Leben natürlich und selbstverständlich dazu.

Was wir benötigen, ist eine Trauerkultur, die mitten im Leben stattfindet, sichtbar und spürbar ist. Schon deshalb, weil wir im Laufe unseres Lebens immer wieder Abschiede meistern müssen. Es geht darum, der Trauer eine Stimme zu verleihen, weil sie ein existenzielles Thema ist, das uns immer wieder vor neue Herausforderungen stellt.

Wenn wir einen endgültigen Abschied verkraften müssen, legt sich ein Schatten auf unsere Seele. Es ist nicht die Trauer, es ist der Verlust. Die Trauer hilft uns, diesen Schatten im Laufe der Zeit wieder zu erhellen. Sie spiegelt die verlorene Liebe wider und drückt den Verlust mit Hilfe unserer Gefühlswelt aus.

Mit einem geliebten Menschen verlieren wir das Wertvollste, was wir auf dieser Welt überhaupt kennen. Um solch einen Verlust heil und gesund zu überstehen, hält unser Organismus, ohne unser Zutun, die Trauer bereit. Sie ist die Sprache unserer Seele und sie bringt den Schmerz über die unwiederbringlich verlorene Liebe zum Ausdruck. Sie spiegelt unsere tiefe Liebe und Verbundenheit zu dem verlorenen Menschen wider und macht unser Leid sichtbar und spürbar. Für uns selbst und für andere.

Trauer ist eine menschliche Fähigkeit und eine selbstverständliche, natürliche Reaktion auf unwiederbringliche, tiefgreifende Abschiede. Sie ist ein vielschichtiges, individuelles Prozessgeschehen sowie eine heilsame, hoffnungsvolle Lebenskraft. Sie ist keine Krankheit, sondern ein natürlich menschlicher Zustand. Auch wenn es sich für uns manchmal so anfühlt. Lassen wir uns auf sie ein, kann sie Seelenheil und Ausdruck unserer Liebe zu den Verlorenen sein. Zuweilen ist sie unerträglich, manchmal befreiend und erleichternd, wenn es uns gelingt zu weinen.

Trauer ist eine Fähigkeit, die wir alle haben, auch Kinder. Sie löst tiefe Leidensgefühle wie Verzweiflung, Angst, Wut, Hoffnungslosigkeit und Einsamkeit aus. Sie bringt aber auch tiefe Liebesgefühle zum Vorschein.

Letztendlich ist Trauer unser Potenzial, um einen Verlust heil und gesund in unser weiteres Leben integrieren zu können. Trauer hat viele Gesichter und jeder trauert anders und muss seinen persönlichen Weg finden.

Um die Vielschichtigkeit der Trauer besser erfassen zu können, haben Wissenschaftler versucht, das komplexe Geschehen mit Hilfe von unterschiedlichen Modellen und Definitionen verstehbar zu machen.

Der griechische Psychologe und Trauerforscher Jorgos Canacakis, der selbst einen Sohn verloren hat, bezeichnet Trauer als eine „spontane, natürliche, normale und selbstverständliche Reaktion unseres Organismus auf Verlust, Trennung und Abschied." Seiner Meinung nach sind wir mit allem ausgestattet, was wir brauchen, um ein Leben lang Verluste unter allen Umständen und Bedingungen zu überstehen und in unser Leben integrieren zu können (vgl. Canakis, 1990, 23/24).

Die Schweizer Psychotherapeutin und Trauerforscherin Verena Kast spricht von der Trauer in Phasen:

Das vier Phasen-Modell:

- Nicht wahrhaben wollen
- Aufbrechende Emotionen
- Suchen und sich trennen
- Finden eines neuen Selbst- und Weltbezugs (Kast, 1996, 59-78)

Neuere Modelle, wie das von dem amerikanischen Psychologen William Worden, betonen die Entwicklungsaufgaben, die der Trauer inneliegen (Worden, 2011).

Margarete Stroebe und Henk Schutt betonen die Unterschiede zwischen verlustorientierten und wiederherstellungsorientierten Stressoren, denen Trauernde ausgesetzt sind. Zu den verlustorientierten Stressoren zählen sie Trennungsschmerz und Erinnerungskultur. Mit wiederherstellungsorientierten Stressoren meinen sie alle Aktivitäten, die das Weiterleben ohne die Verlorenen betreffen oder sich auf das neue, aufzubauende Leben konzentrieren.

Das von mir entwickelte Verlustintegrations- und Entwicklungs-Modell ist als eine Lei(d)tfaden gedacht. Es benennt persönliche Entwicklungs- und Reifungs-herausforderungen, die uns Orientierung im Trauerprozess bieten und die wir meistern müssen, um heil und gesund zu bleiben und wieder in ein hoffnungsvolles Leben zurückfinden zu können.

Das Verlust-Integrations- und Entwicklungsmodell

Fünf Herausforderungen in der Trauer

- Die Trauer bewusst annehmen und leben
- Tod und Abschiede ins Leben integrieren
- Persönliche Potenziale entfalten
- Beziehung wandeln und erinnern
- Neue Daseinsperspektive finden
  (Magerl, 2024)

Mein Trauerlei(d)tfaden beinhaltet eine aktive Sichtweise. Das bedeutet, wir müssen das Trauergeschehen nicht passiv über uns ergehen lassen, sondern können im Hinblick auf die Verlustintegration in unserem Leben eine aktive Rolle einnehmen. Wir fühlen uns zwar immer mal wieder ohnmächtig, ohne Macht, weil ein Verlust uns an persönliche Grenzen bringt. Aber wir sind nicht hilflos in der Opferrolle gefangen. Wir können unser Schicksal selbst in die Hand nehmen, das Leid verschmerzen und werden nach und nach wieder im Sinne unseres zukünftigen Lebens handlungsfähig.

Die diversen Darstellungen verfolgen das Ziel, das komplexe Trauergeschehen zum Ausdruck zu bringen und diesen vielschichtigen Prozess in Worte zu fassen. Alle haben ihre Berechtigung. Sie haben durch ihre Erkenntnisse einen Beitrag zum besseren Verständnis geleistet und spiegeln den Forschungsstand ihrer jeweiligen Zeit wider.

Ein großer, endgültiger, unwiederbringlicher Abschied konfrontiert uns mit zahlreichen Herausforderungen, die wir meistern müssen, damit unsere Wunde wieder heilen kann. In Abschiedssituationen sind wir gefordert, den Verlust mit all unseren körperlichen, seelischen, geistigen und spirituellen Kräften in unser zukünftiges Leben zu integrieren. Das ist sehr anstrengend und kostet Lebenskraft. Wenn wir etwas Bedeutendes verlieren, stellt sich unsere Trauer ohne unser Zutun unwillkürlich ein. Sie trifft uns Menschen in unserer Ganzheit, körperlich, seelisch und geistig.

Unser Körper

Unser Körper ist verletzlicher als gewohnt. Unser Immunsystem ist geschwächt und wir sind anfälliger für Krankheiten. Wir können das spüren durch Schlafstörungen, Herzschmerzen, Kopfschmerzen, Schwindelattacken, Konzentrationsstörungen und Gewichtsschwankungen, Beklemmungen in der Brust, Kurzatmigkeit, Überempfindlichkeit, Muskelschwäche, das Gefühl einer zugeschnürten Kehle und Gereiztheit. All diese Reaktionen sind normal. Sie bringen unsere Trauer und unseren Schmerz zum Ausdruck.

Die Gefahr von Suchtproblematiken kennen wir ebenfalls als Folge von schweren Verlusten. Auch wird häufig von erhöhter Lärmempfindlichkeit und tiefen Erschöpfungszuständen berichtet.

Unsere Seele

Unsere Seele ist in der Trauerzeit verwundet, aufgeweicht, verletzt und gekränkt. Wir können an uns selbst beobachten, dass wir empfindlicher und empfindsamer sind. Das bedeutet, einerseits können wir wacher sein für unser Selbst, unsere Bedürfnisse und unser innerseelisches Empfinden. Andererseits sind wir aber auch empfindlicher für Verletzungen durch unser Umfeld.

Manchmal benennen Trauernde ihren Verlust als Seelenqual, weil sie für ihre bereitgestellte Liebe kein Gegenüber mehr finden. Liebe und Verbindungen leben von positiver, gegenseitiger Resonanz.

> *„Es ist schrecklich, ich habe Muttermilch und kein Baby, dem ich sie geben kann“, klagt eine verzweifelte Mutter, deren Sohn kurz nach der Geburt verstorben ist.*

In der Not kein Gegenüber zu finden, wenn wir mit unserer Liebe nicht ankommen können und auf keine Resonanz stoßen, ist überaus schmerzlich. Wer einmal unglücklich verliebt war, weiß um diesen Schmerz, den eine unerwiderte Liebe auslösen kann. Gleiches erleben wir in der Trauer, wenn uns geliebte Menschen genommen werden und wir mit unserem Leid kein Verständnis und kein Gegenüber finden.

Unser Geist

Unser Geist ist in der Trauerzeit wacher als gewohnt, sensibler für Sinnfragen des Lebens philosophischer, religiöser oder spiritueller Art. Es kann sein, dass Sie in dieser Krisensituation mit Gott und der Welt hadern, an persönlichen Grundüberzeugungen und Glaubenssätzen im Hinblick auf Ihre Lebenssicht zweifeln.

> *Eventuell müssen Sie Ihre bisherige Weltsicht neu finden und definieren, um Sinn-Antworten für ihr zukünftiges Leben bzw. Ihre Lebenshaltung zu finden. (vgl. Magerl, 2022,79-81).*

Trauer betrifft die ganze Familie

Verliert eine Familie ein Mitglied, sind alle betroffen und die Rollen innerhalb der Familie verändern sich. Stirbt ein Familienvater, werden die Kinder zunächst ohne väterliches Vorbild aufwachsen. Die Ehefrau verliert ihren Mann und trägt zukünftig für die Erziehung der Kinder und die Finanzen die alleinige Verantwortung. Schlimmstenfalls steht ein Umzug an, weil das gemeinsame Haus finanziell nicht mehr gehalten werden kann. Eventuell ist auch ein Arbeitsplatzwechsel notwendig. Verluste bringen neben Leid und Trauerschmerz oftmals auch finanzielle Probleme mit sich.

Es kann uns auch passieren, dass wir durch einen Verlust in eine Paarkrise schlittern. Das hängt oftmals damit zusammen, dass jede(r) anders trauert und mit dem Verlust und der Krise unterschiedlich umgeht. Jeder Trauende entwickelt intuitiv seine eigene Bewältigungsstrategie, um den Verlust zu verarbeiten. Manche ziehen sich vom normalen, alltäglichen Leben zurück:

„Ich war emotionslos, hab nichts mehr gespürt. Innerlich war ich leer, wie zubetoniert. Ich konnte die Liebe und Nähe von meinem Mann nicht mehr zulassen. Keiner durfte mich mehr umarmen. Ich weiß nicht, warum das so war."

Andere verfallen in Aktionismus:

„Nach dem plötzlichen Tod meiner Partnerin habe ich tags und nachts gearbeitet, um nicht zu spüren. Ich war mit meiner Trauer und der Situation völlig überfordert und hatte Angst, dass die gesamte Familie auseinanderfällt. Auch hatte ich Angst vor dem übermächtigen Schmerz."

Manche Paare wachsen im Leid enger zusammen und es gelingt ihnen, sich gegenseitig zu stützen. Andere trennen sich, weil die Art der Trauer sich zu sehr voneinander unterscheidet und sie nicht mehr in der Lage sind, die Krise gemeinsam zu durchleben und sich gegenseitig Halt zu geben. Eine Paarkrise verschärft die Trauer und das Leiden. Die Herausforderungen und die damit verbundenen Ängste, zudem noch den Partner oder die Partnerin zu verlieren, können Ihnen als qualvoll, unerträglich und aussichtslos erscheinen.

Wenn Sie sich um Ihre Beziehung sorgen, kann Ihnen eine professionelle Paarberatung hilfreich sein. Es gibt im Leben Krisensituationen, die wir ohne Resonanz, ohne Menschen, die an unserer Seite sind oder ohne professionelle Hilfe nicht meistern können. Die Annahme von Hilfe oder einer Begleitung sind kein Zeichen von Schwäche und Unvermögen, sondern das Gegenteil.

Wenn wir unsere Eltern verlieren

Der Tod unserer Eltern bedeutet den Verlust von etwas Ursprünglichem. Wir verlieren die gemeinsam gelebte Vergangenheit und müssen endgültig erwachsen werden. Selbst wenn wir schon eigene Kinder oder gar Enkelkinder haben, können wir uns in der Gegenwart unserer Eltern immer noch als Kind fühlen. Nach ihrem Tod stehen wir selbst in der ersten Reihe und unsere persönliche Endlichkeit wird deutlicher spürbar. Aufgrund der natürlichen Reihenfolge werden wir erwartungsgemäß die Nächsten sein, die von dieser Welt gehen. Durch den Tod unserer Eltern werden wir daran erinnert, eine Haltung zu entwickeln, in der Abschiede und Verluste sein dürfen. Auch fordert uns der Tod unserer Eltern heraus, unsere Sinnfragen neu zu überdenken.

Wenn wir ein Kind verlieren

Stirbt unser Kind, geschieht dies außerhalb der natürlichen Reihenfolge. Es stirbt ein Teil von uns mit und wir müssen alle Hoffnungen und Wünsche, die wir mit unserem Kind verbunden haben, aufgeben. Mit dem Verlust unseres Kindes verlieren wir die gemeinsam erhoffte Zukunft. Es scheint, als würden durch verstorbene Kinder Naturgesetze gebrochen. Natürlicherweise gehen wir davon aus, dass unsere Kinder uns überleben werden und müssen die schmerzhafte Erfahrung machen, dass es auch anders sein kann und wir unsere eigenen Kinder zu Grabe tragen müssen. Wir sind gezwungen anzuerkennen, dass auch Kinder sterben.

Wenn wir eine Schwester oder einen Bruder verlieren

Wenn Geschwister sterben oder wir sie an das Leben verlieren, erleben wir ebenfalls tiefes Leid. Wir können nicht mehr Schwester oder Bruder sein und unsere Rolle innerhalb der Familie ändert sich. Der jüngere Bruder wird beispielsweise zum Ältesten und ist neben seiner Trauer gefordert, in seine neue Rolle hineinzuwachsen. Erleiden Kinder solch einen Abschied, rüttelt der Tod an ihren Grundfesten und ihrem Sicherheitsbedürfnis. Verlässliche Menschen, die ihnen in ihrer Krisenzeit Halt und Sicherheit bieten, sind von großer Bedeutung. Leider werden Kinder oftmals in ihrer Trauer übersehen und nicht wahrgenommen.

Wenn wir einen Partner oder Partnerin verlieren

Verlieren wir einen Partner oder eine Partnerin, werden wir auf uns selbst zurückgeworfen und müssen lernen, allein weiterzuleben. Unsere gemeinsam geschaffene innere und äußeren Paar-Welt, unser gemeinsames Zuhause, gewohnte Rituale, geteiltes Leid, geteilte Freude, gelebte Sexualität und gemeinsame Zukunftswünsche sind unwiederbringlich verloren. Wir fühlen uns zutiefst einsam und müssen den Alltag zukünftig allein und neu gestalten.

> *„Am meisten habe ich meinen Mann morgens beim Aufstehen vermisst. Es war derjenige, der immer das Frühstück bereitet und mir manchmal sogar einen Kaffee ans Bett gebracht hat. Wenn ich aufwache, fällt mir das als Erstes ein. Es ist nur schrecklich, dann möchte ich erst gar nicht aufstehen.“*

Gefühle in der Trauer

Unsere Trauer drückt sich durch unsere Gefühle aus. Trauer und Liebe gehören zu den größten Emotionen, die das Leben für uns bereithält. Sie haben bindungsstiftende Funktion. In der Trauerzeit erleben wir die gesamte Gefühlspalette, die unser Organismus zur Verfügung stellt. Sie werden in einer Heftigkeit ausgelöst, die für uns vielleicht vor einem tiefgehenden Verlust nicht in solch einer Intensität spürbar waren.

Wir spüren in der Trauer genau die Gefühle, mit denen wir nicht so gerne konfrontiert werden und die wir im normalen Leben gerne meiden:

> Einsamkeit, Angst, Verlassen sein, Sehnsucht, Verzweiflung, Aggression, Ärger, Hass, Wut, Enttäuschung, Zorn, Hilflosigkeit, Schuld, Scham, Qual, Aggression, Selbstmitleid, Hoffnungslosigkeit, Hass, Entsetzen, Scham

Sie können immer wieder unkontrolliert über uns hereinbrechen, uns überfluten, sind belastend und schwer aushaltbar. Sie bringen unsere Not zum Ausdruck.

Wir empfinden aber auch gerade in der Trauer tiefe Liebesgefühle.

> Liebe, Erfüllung, Freude, Hoffnung, Glück, Sehnsucht, Euphorie, Lust

All diese Gefühlsregungen verbinden uns mit den verlorenen, geliebten Menschen und lassen uns schmerzlich spüren, was genau wir verloren haben. Die Wucht und Heftigkeit dieser Gefühle können in uns Ängste auslösen, sind aber ein Schlüssel zur Verlustintegration.

Gefühle sind innerseelische Abdrücke unseres Welterlebens und gehören zu unserer biologischen Grundausstattung. Sie stellen sich ohne unser Zutun ein und sind ein Instrumentarium, um unsere Befindlichkeit zum Ausdruck zu bringen. Für uns selbst und für unser Umfeld.

Mit Hilfe unserer Alltags- und Lernerfahrungen können wir unsere innere Gefühlswelt verstehen lernen, sie erweitern und fortentwickeln. Neurowissenschaftliche Erkenntnisse haben gezeigt, dass Erfahrungen, die wir machen, in unserem Gehirn mit dem entsprechenden Gefühl verknüpft und gespeichert werden. Das können wir in der Trauerzeit für uns nutzbar machen. So löst zum Beispiel ein erlebter Verlust unweigerlich das Gefühl von Trauer aus. Ein bestimmtes Erleben drückt unwillkürlich bestimmte Gefühle aus. Unsere Gefühle haben Sinn und können uns hilfreich sein. Durch die bewusste Wahrnehmung unserer Gefühle können wir uns selbst besser verstehen lernen.

> *„Unsere Gefühle erspüren und ihren Sinn verstehen zu können, ist uns gerade in der Trauer sehr hilfreich. Sie halten unser Inneres lebendig, verhindern Erstarren und geben uns Orientierung." (Magerl,2012, 123)*

Nach Auffassung der Psychologen Iris und Jürg Hartmann besitzen Gefühle bestimmte Qualitäten, die uns hilfreich sein können. Ich möchte Ihnen einige Gefühle, mit denen wir in der Trauer konfrontiert sind, näher beschreiben. Sie machen Sinn und senden uns Botschaften, um uns selbst in unseren Gefühlregungen und in unserer Trauer besser verstehen zu können.

Trauer

stellt sich ein, wenn wir etwas verloren haben. Verlieren wir etwas von Bedeutung, werden wir unwillkürlich traurig. Die Botschaft der Trauer ist die Realität der Unwiederbringlichkeit, mit der wir konfrontiert werden. Wir kommen nicht umhin, sie zu erkennen und anzuerkennen. Verlieren wir einen geliebten Menschen, ist unsere gemeinsame lebbare Liebe endgültig verloren. Wir können sie nicht mehr leben und spüren diese Realität durch einen tiefen Schmerz. Die damit verbundene Herausforderung ist, dass wir lernen müssen, unser weiteres Leben, ohne die Verlorenen, zu gestalten. Die Beziehung muss sich wandeln. Die verlorenen Menschen sind nicht mehr da, aber sie können in unserer Erinnerung weiterleben.

Angst

Angst gilt als die Bewältigungsdynamik einer Gefahr. Sehen wir beim Autofahren einen Ball vor uns auf die Straße rollen, werden wir mit Hilfe des sich einstellenden Angstimpulses auf eine drohende Gefahr hingewiesen. Es könnte sein, dass hinter dem Ball noch ein Kind auf die Straße läuft. In Gefahrensituationen schüttet unser Körper Adrenalin aus, wir werden wacher, konzentrierter und achtsamer für die Gefahr der Situation und sind schnell in der Lage, angemessen zu reagieren.

Ängste in Abschiedssituationen bedeuten für uns Bedrohung, Gefahr und Unsicherheit. Erzwungene, nicht gewählte Veränderungen und damit einhergehende seelische und körperliche Schmerzen ängstigen uns. Wir bezweifeln, ob wir den damit verbundenen Herausforderungen gewachsen sein können. Deshalb neigen wir dazu, sie lieber abzuwehren. Ängste können uns lähmen und uns handlungsunfähig machen.

Trauen wir uns aber unsere Ängste so sein zu lassen und sie anzunehmen, kann uns das Erleichterung verschaffen. Wir können klären, wovor genau wir Angst haben und wer oder was uns hilfreich sein kann. Das schaffen wir in der Regel nicht allein. Es ist gut, wenn wir jemanden haben, dem wir uns anvertrauen können. Ängste aussprechen können und einen verstehenden Menschen an der Seite zu haben, kann sie mildern.

Sehnsucht und Verzweiflung

Das Gefühl der Verzweiflung stellt sich ein, wenn zwei widersprüchliche, sich gegenseitig ausschließende Wahrheiten gegenüberstehen.

> *„Ich möchte meinen Partner behalten, aber ich weiß, er hat nur noch eine sehr begrenzte Lebenszeit und wird sterben."*

Diese Realität stellt eine unauflösbare Ambivalenz dar und löst Verzweiflung aus. Wir erleben uns in solch einer Situation als hilflos und ohnmächtig. Im wahrsten Sinne des Wortes sind wir ohne Macht. Lediglich zwischen beiden unvereinbaren Polen kann das noch mögliche Leben stattfinden. Das bedeutet, wir sind gezwungen, die noch begrenzte, gemeinsame Zeit anzuerkennen. Gelingt uns dies, können wir frei werden für die noch bleibende Zeit und diese bewusst gemeinsam leben.

Sehnsucht ist ein Wunsch nach etwas offensichtlich Unerfüllbarem. Sie drückt eine illusionäre Hoffnung aus, die sich nicht erfüllen wird.

> *„Meine Frau hat mich verlassen. Ich kann aber die Hoffnung nicht aufgeben, dass sie zu mir zurückkehren wird. Obwohl sie schon einige Zeit mit einem anderen Mann lebt."*

Müssen wir mit solch einem Schicksalsschlag leben lernen, kann es sehr lange dauern, bis unsere Seele bereit ist, diese tiefgreifende Sehnsucht aufzugeben und wir der Realität ins Auge schauen können. Das Verharren in der illusionären Hoffnung kann für uns vorerst eine Notlösung sein. Wir sichern unser Überleben, in dem wir die Hoffnung nach Wiedervereinigung vorübergehend nicht aufgeben. Nur in sehr kleinen Schritten können wir uns der Wahrheit der endgültigen Trennung annähern und uns in eine Zukunft ohne den verlorenen Menschen trauen.

Enttäuschung und Hoffnung

In dem Gefühl der Enttäuschung werden wir uns einer Täuschung gewahr, die wir nicht für möglich gehalten und mit der wir nicht gerechnet haben.

> *„Seit mein Mann mich verlassen hat, machen sich auch gemeinsame Freunde rar. Es ist, als ob sie sich parteilich*

auf seine Seite schlagen und ich in ihrem Leben keine Bedeutung mehr habe.“

Es kann sehr schwer sein, wenn wir zu unserer Trauer noch eine Enttäuschung durch Freunde verkraften müssen. Es bedeutet einen zusätzlichen Verlust, der sich schwer verkraften lässt und schmerzt.

In solchen Krisen ist es wichtig, dass wir wieder Hoffnung schöpfen können. Hoffnung gilt als das Erahnen von Lösungsmöglichkeiten, Wünsche in Erfüllung zu bringen. In guten Zeiten haben wir in der Regel eine hoffnungsvolle Grundhaltung dem Leben gegenüber. Verlieren wir einen geliebten Menschen, oder werden wir enttäuscht, gerät diese optimistische Haltung ins Wanken oder geht vorübergehend verloren. Sicher kennen Sie das Gefühl der Hoffnungslosigkeit, das uns auf unserem Trauerweg immer wieder überfallen kann. Wir brauchen die Möglichkeit, in unserem Leiden immer wieder neu Hoffnung schöpfen zu können. Hoffnung gibt uns Kraft in der Trauer und nährt uns in dieser Krisenzeit. Es kann hilfreich sein herauszufinden, woraus wir wieder Hoffnung schöpfen können. Ein verlässliches Beziehungsangebot von Freunden oder erfahrenen Trauerbegleitern kann uns hilfreich sein. Manche Trauernde vertrauen ihre Not einem Tagebuch an, andere finden Entlastung im Sport, bei kreativen Tätigkeiten oder in der Literatur.

Aggression und Wut

Aggression ist in unserer Gesellschaft negativ bewertet. Wir bringen sie mit Gewalt gegenüber Schwächeren in Verbindung, erleben sie als herrschaftlich und lehnen sie ab.

Trotzdem stellt unser Organismus beide Gefühle zur Verfügung. Es versteht sich von selbst, dass jeder Mensch lernen muss, seine Aggressionen zu händeln und mit den damit einhergehenden Gefühlen wie Wut, Ärger, Zorn sozialverträglich und angemessen umzugehen.

Das Wort Aggression kommt aus dem Lateinischen aggredere und bedeutet aus sich heraus gehen. Aggression beinhaltet im positiven Verständnis eine Veränderungskraft, die uns hilft, aktiv und handelnd zu bleiben. Sie ist eine lebendige Kraft, die es uns ermöglichen kann, eine Veränderung in Gang zu setzen, die für unseren Trauerweg vorwärtsweisend sein kann. Aggression hat immer auch mit Macht zu tun. Machtvoll sein zu können, ist eine menschliche Fähigkeit, die wir im Leben und in der Trauer dringend benötigen, denn ohne Macht kann man nichts machen. Hier meine ich selbstverständlich eine aufbauende und keine herrschaftliche Macht. Unsere Fähigkeit zur Aggression im positiven Sinn hilft uns, Reifungsherausforderungen anzupacken. Unsere Wut ist hierfür die bereitgestellte Energie. Diese Gefühle halten uns lebendig und solange wir uns erlauben, sie sozialverträglich zu leben, versinken wir nicht in einer Depression.

Einsamkeit

Das Gefühl der tiefen Einsamkeit begleitet uns in der Trauer immer wieder. Durch den Verlust sind wir auf uns selbst zurückgeworfen und haben diese Situation nicht gewählt. So ist Einsamkeit ein unfreiwilliges, erlebnismäßiges Abgetrennt-Sein von den Verlorenen und der Welt. Alles was wir früher geteilt haben, lässt sich nicht mehr gemeinsam leben.

„Ich fühle mich wie abgeschnitten von der Welt, wie rausgekickt. Ich versinke in meiner Einsamkeit und keiner merkt es."

Im Gegensatz zur Einsamkeit ist das Alleinsein ein gewählter Zustand, ein freiwilliges Zurückziehen von Menschen, das wir ab und an sehr genießen können und uns Entspannung und Erholung bringen kann. Aus der Einsamkeit kann uns die Teilhabe retten. Wir brauchen Menschen, die unsere Not verstehen und uns ein echtes Beziehungsangebot machen.

Schuld und Scham

Wir alle sind in der Trauer mehr oder weniger von Schuld- und Schamgefühlen betroffen.

„Lange Zeit habe ich sehr darunter gelitten, dass mein Bruder sich das Leben genommen hat und ich war davon überzeugt, dass ich es hätte verhindern müssen. Ein Schuld- und Schamgefühl hat sich tief in meiner Seele festgesetzt. Erst meine regelmäßige Teilnahme an einer Selbsthilfegruppe für Menschen um Suizid hat mir geholfen. Irgendwann habe ich verstanden, dass es nicht in meiner Macht lag, den Suizid meines Bruders zu verhindern."

Schuld ist etwas, was wir nicht sein wollen und die damit verbundenen Schuldgefühle wie schlechtes Gewissen oder Scham können wir nur schwer aushalten. Sie gehören zu den schmerzlichsten Gefühlen, die wir kennen, bedeuten Dauerstress für Körper und Seele, können unsere Lebensfreude zerstören und uns krank machen, wenn wie sie nicht auflösen können. Schuldgefühle sind für uns Trauernde ein hochsensibles und präsentes Thema, auch wenn es uns auf den ersten Blick nicht so erscheint. Wir können uns aus den unterschiedlichsten Gründen schuldig fühlen oder ein schlechtes Gewissen haben.

> *„Am Todestag meines Kindes habe ich mich nicht genügend geschont. Das werde ich mir nie verzeihen."*
>
> *„Ich habe meinem Mann versprochen, dass er nicht allein sterben muss. Dann ist es doch passiert. Gerade als ich kurz draußen war."*
>
> *„Ich habe meiner Frau Treue versprochen und habe sie trotzdem immer wieder mit anderen Frauen betrogen. Jetzt ist sie gegangen. Ich kann mir ein Leben ohne sie nicht vorstellen und bin auch noch selbst schuld an meiner Misere."*

Schuldgefühle entstehen dann, wenn wir unseren eigenen Werten oder Moralvorstellungen zuwiderhandeln oder Versprechen nicht einhalten können. Es kann sein, dass wir aufgrund nicht aufgelöster Schuldgefühle zu ewig Trauernden werden, uns ein weiteres Kind versagen oder uns selbst verbieten, im Leben je wieder glücklich werden zu dürfen. Nicht aufgelöste Schuldgefühle erschweren unsere Trauer und können uns empfindlich am Weiterleben behindern.

Um aus einem Schulddilemma wieder herauszukommen ist es hilfreich, Abschied zu nehmen von der Illusion des menschlichen Perfektionismus. Sich einzugestehen, dass wir uns immer wieder schuldig machen, verletzt werden oder aufgrund unseres menschlichen Begrenzt-Seins uns oder anderen etwas schuldig bleiben, fällt uns schwer. Vielleicht fällt es leichter, wenn wir uns bewusst machen, dass wir in der Regel andere nicht vorsätzlich verletzen. Diese Erkenntnis kann dazu führen, uns und unsere Fehlbarkeit mit einem milderen Blick zu betrachten und uns nicht mehr gnadenlos dafür verurteilen, sondern versuchen, unser eventuelles Versagen zu verstehen. Der Weg führt weg vom Selbstverurteilen hin zum Selbstverstehen, um sich und anderen zu verzeihen.

Es kann uns trösten, wenn wir erkennen, dass unsere menschlichen Schattenseiten unserer Beziehung zu den Verlorenen, das Versäumte oder Unterlassene und die Liebe nicht zerstören können. Um zu verzeihen und sich zu versöhnen, brauchen wir nicht mit dem Betroffenen real in Beziehung zu treten. Es geht auch gedanklich und in unserer Vorstellung. Solange wir nicht verzeihen oder versöhnlich werden können, bleiben wir Opfer, das heißt, andere haben große Macht über uns. Verzeihen und Versöhnen bedeuten, dass wir wieder frei werden. Es kann passieren, dass wir in einem Schulddilemma feststecken und allein keinen Ausweg finden. Eine professionelle Begleitung kann uns hilfreich sein, um den Verzeihensprozess meistern zu können.

Kinder trauern anders

Unsere Kinder erleben und durchleben ebenso wie wir Erwachsene immer wieder abschiedliche Situationen:

- Sie müssen mit der Geburt den paradiesischen Mutterleib verlassen
- Sie werden abgestillt

- ~ Sie kommen in die Kita und müssen lernen, zeitweise ohne ihre Eltern klarzukommen
- ~ Sie verlieren ein geliebtes Kuscheltier
- ~ Sie finden ein sterbendes Vögelchen am Straßenrand
- ~ ein zur Familie gehörendes Haustier stirbt

Schlimmstenfalls verlieren sie in jungen Jahren ihre Großeltern oder gar ein Elternteil oder Geschwister. Trotzdem sind sie ebenso wie wir Erwachsene mit der Fähigkeit zu trauern gerüstet. Auch sie haben alles Potenzial in sich, um selbst schwerste Verluste heil und gesund überstehen zu können. Sie benötigen dazu unser Vertrauen und vor allem eine, ihrem Entwicklungsalter entsprechende, verlässliche Begleitung. Leider werden Kinder und Jugendliche oftmals in ihrer Trauer übersehen. Da Tod und Abschiede meist im Verborgenen stattfinden und unsichtbar sind, erleben unsere Kinder Abschiede als Medienereignis. Sie erleben Sprachlosigkeit und erfahren kaum mehr Sterbe- und Abschiedskultur. Deshalb ist eine altersangemessene Teilhabe an allen Prozessen des Abschiednehmens für unsere Kinder unabdingbar.

Kinder trauern anders als wir Erwachsenen. Die Pädagogin Gertrud Ennulat vergleicht die kindliche Trauer mit einem Pfützenspringen. Kinder springen in die Trauer hinein, weinen, schluchzen, klagen bitterlich und in der nächsten Sekunde springen sie hinaus und können wieder fröhlich sein. Das ist eine Kompetenz, die es ihnen ermöglicht, in der für sie aushaltbaren Dosierung trauern zu können. In Island gibt es dafür das bezaubernde Wort hoppipolla, was bedeutet in Pfützen hüpfen. Die Trauer von Erwachsenen wird eher mit einem Waten durch einen langen Fluss verglichen.

Kinder benötigen in einschneidenden Verlustsituationen unbedingt jemanden, der sie in ihrer Trauer wahrnimmt, sich ihnen verlässlich widmen und sie achtsam begleiten kann. Meist sind wir als Eltern in einer Trauersituation damit überfordert, weil wir selbst betroffen sind und schwer an unserem Verlust zu tragen haben. Wir kämpfen mit unserer eigenen Trauer und schaffen es nicht, uns zudem noch der Not unserer Kinder gerecht zu werden. Das ist völlig natürlich und normal. Wir brauchen uns deshalb keine Vorwürfe zu machen. Es ist lediglich wichtig, dass wir uns darum kümmern, dass es für unsere Kinder eine Bezugsperson gibt. Sichere Bindungen zu Vertrauenspersonen wie Eltern, Großeltern, Geschwistern, Freunden, Trauerbegleitern helfen durch die Krise. Soziale Kontakte gleichen Stress aus. Eingebunden sein in ein soziales Netz, auch mit Gleichaltrigen ist wichtig.

In abschiedlichen Situationen kommt es darauf an, dass wir Kinder nicht über etwas hinwegtrösten, sondern wahr sein lassen, was ist, ihnen Teilhabe ermöglichen und sie dabei altersgerecht begleiten und bestärken. So können sie Trauererfahrungen sammeln und erleben, dass sie stark genug sind, solch schwierige Lebenssituationen zu meistern.

Das fördert ihre psychische Widerstandskraft und macht sie stark für zukünftige Krisen und Verlustsituationen, die das weitere Leben mit Sicherheit für sie bereithält.

Erschwerte Trauer

Wie schon erwähnt, ist Trauer keine Krankheit, auch wenn sich die damit verbundenen Symptome so anfühlen können. Wenn unsere persönlich verfügbaren Bewältigungsstrategien, Kraftquellen und Ressourcen ausreichen, werden unsere Trauerreaktionen im Laufe des Prozesses schwächer. Das bedeutet, Weinkrämpfe, Schlafstörungen, Stimmen hören, belastende Bilder, die mit dem Verlust in Zusammenhang stehen, Albträume und der Nachsterbewunsch werden mit der Zeit schwächer und treten immer mehr in den Hintergrund. Das bedeutet, wir sind trotz der schmerzlichen Reaktionen auf einem guten Weg und es gelingt uns, allmählich, mit oder ohne Unterstützung, den Verlust in unsere Leben hineinzunehmen.

Es gibt aber bestimmte Risikofaktoren, die unsere Verlustintegration zusätzlich erschweren können. Aus der Forschung wissen wir, dass bestimmte Umstände ein erhöhtes Risiko für uns darstellen und unsere Trauer erschweren können.

Die Fachwelt unterscheidet zwischen erschwerter und komplizierter bzw. traumatischer Trauer. Das Wissen darum, kann Ihnen hilfreich sein Ihre persönliche Situation einzuschätzen und eine gute Selbstsorge zu betreiben.

Von erschwerter Trauer sprechen wir, wenn ein Angehöriger sich selbst das Leben genommen hat, einen plötzlichen Unfalltod gestorben ist oder die Beziehung zu den Verlorenen vorher bereits in einer Krise war. Unter solchen Umständen sollten Sie darauf achten, qualifizierte Trauerbegleiter, gute Freunde oder einen Seelsorger an ihrer Seite zu haben.

Von komplizierter oder traumatischer Trauer sprechen wir, wenn wir einen Angehörigen durch ein Gewaltverbrechen oder eine Katastrophe verlieren mussten. Bei komplizierten Trauersituationen ist eine therapeutische Begleitung unabdingbar. Symptome können langanhaltende totale Erschöpfung, das Broken-Heart-Syndrom oder immer wiederkehrende Panikattacken sein.

Eine professionelle therapeutische Begleitung wird Ihnen helfen, auch solch einen schwierigen Verlust meistern und in ihr zukünftiges Leben integrieren zu können.

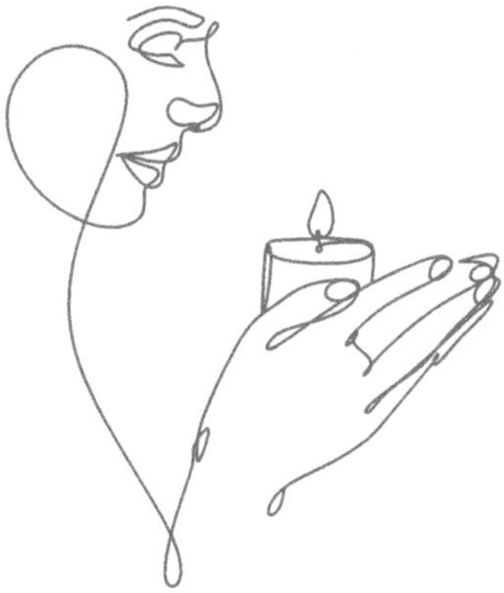

3

MEIN VERLUSTINTEGRATIONS- UND ENTWICKLUNGSMODELL

Fünf Herausforderungen für Trauernde

Die Trauer bewusst annehmen und leben
Den Tod und Abschiede ins Leben integrieren
Persönliche Potenziale entfalten
Die Beziehung wandeln und erinnern
Neue Daseinsperspektive finden

Mein Modell resultiert aus meiner langjährigen Beratungspraxis und aus Begegnungen mit trauernden Menschen. Es ist als Lei(d)tfaden gedacht und unterstützt Sie darin, den für Sie passenden Weg durch Ihre persönliche Trauer zu finden.

Verlustintegrations-und Entwicklungsmodell, Heidi Magerl 2024

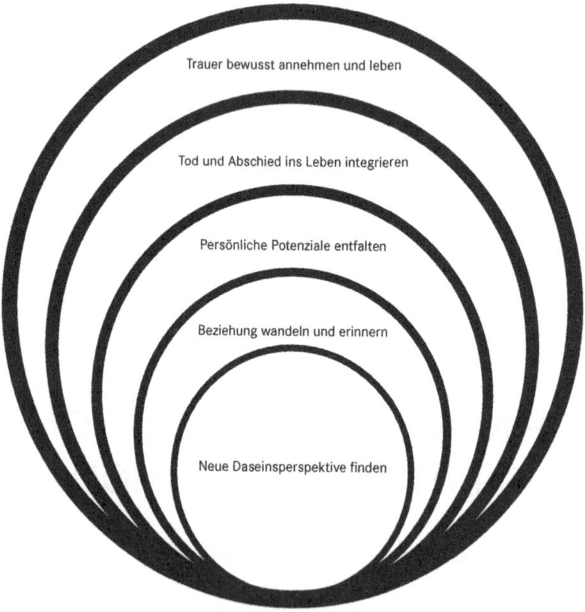

Aus dem Titel Verlustintegrations- und Entwicklungsmodell lässt sich bereits herauslesen, dass wir in der Trauer die Aufgabe haben, den erlittenen Verlust in unser weiteres Leben zu integrieren. Zudem geht es darum, dass uns ein unwiederbringlicher Abschied vor Entwicklungs- und Reifungsherausforderungen stellt, die wir letztendlich meistern müssen, um heil und gesund zu bleiben. Mit diesem Bewusstsein kann es uns im Laufe der Zeit gelingen, den überaus schmerzlichen Verlust in unser zukünftiges Leben hineinzunehmen und wieder zu Lebensfreude zurückzukehren.

Mein Modell benennt fünf Herausforderungen, mit denen wir als Trauernde konfrontiert sind und beinhaltet eine aktive Sichtweise. Das bedeutet, wir sind dem Trauergeschehen nicht passiv als Opfer ausgeliefert. Wir können eine aktive Rolle einnehmen, damit wir irgendwann wieder Zugang zu unseren Ressourcen und Kraftquellen finden. So können wir irgendwann wieder Lebenshoffnung schöpfen und neue Lebensfreude finden, sodass der Schmerz nachlassen kann. Auch wenn uns das anfänglich nicht vorstellbar und unmöglich erscheint.

Im Laufe unseres Lebens haben wir uns, bewusst oder unbewusst, bereits Lebenskompetenz für Krisenzeiten angeeignet. Müssen wir einen existenziellen Verlust verkraften, greifen unsere bewährten Krisenstrategien nicht mehr und wir stehen vor zahlreichen Entwicklungsherausforderungen, die wir meistern müssen, die uns aber gleichzeitig auf unserem Trauerweg hilfreich sind.

Die eigene Trauer bewusst annehmen und leben

In die Trauer hineinfinden

Wenn uns etwas Geliebtes genommen wird, ist plötzlich nichts mehr, wie es einmal war. Gemeinsam ersehnte Lebens- und Zukunftswünsche sind unwiederbringlich verloren und lassen sich nicht mehr verwirklichen. Unser bisheriges, vertrautes, als sicher geglaubtes Leben fällt wie ein Kartenhaus in sich zusammen.

> *„Ich möchte meine Verzweiflung herausschreien, ich klage, ich hadere mit mir, mit Gott und der Welt. Ich weiß, dass ich trotzdem irgendwann anerkennen muss, was ist. Aber ich weiß nicht, wie das gehen könnte. Ich will auch nicht. Ich will meine Frau wieder haben. Ich kann mir ein Leben ohne sie nicht vorstellen"*

Es ist sehr wichtig, dass wir klagen können. Wir sind Opfer eines Schicksalsschlages und anfänglich nicht in der Lage zu erfassen, was eigentlich passiert ist und was das für unser zukünftiges Leben bedeuten wird.

Wir können das Geschehene abwehren, leugnen, abspalten, ignorieren oder verdrängen. Das sind natürliche, menschliche Reaktionen auf einen Schicksalsschlag. Es ist vorerst zwar eine Notlösung, aber gut und richtig. Notlösungen helfen und schützen uns. Sie schützten uns so lange, bis unsere Seele bereit ist und wir uns vorsichtig der Wahrheit und unserer persönlichen Trauer annähern können. Es braucht Zeit, bis unsere Seele der Realität des Verlustes Raum geben kann. Gleichzeitig geht das normale Leben gnadenlos weiter.

Wir brauchen die Trauer, um unseren Schmerz spüren und verstehen zu lernen, damit wir irgendwann in der Lage sind, weiterzugehen in das neue, zukünftige Leben, in das wir hineinwachsen müssen. Schritt für Schritt. Wir können nicht warten, bis die Zeit alle Wunden heilt.

Wir können uns Zeit nehmen, um uns mit unserer Trauer anzufreunden. Sie ist eine Fähigkeit unserer Seele und sie kann uns wieder zu Lebensfreude verhelfen, wenn wir uns auf sie einlassen.

Es ist wichtig, dass wir aktiv mit unserer eigenen Trauerwelt in Berührung kommen. Das anzunehmen, fällt uns besonders schwer, weil wir seelisch und körperlich geschwächt sind und es unsagbar weh tut. Wir müssen unfreiwillig unsere Komfortzone verlassen, Neuland betreten mit zahlreichen Unbekannten. Das erfordert unseren ganzen Mut.

Wir brauchen Zeit.

~ um klagen zu dürfen,
~ um den Verlust zu verschmerzen,
~ um unseren Gefühlen Raum zu geben,
~ um unser Gefühlschaos zu verstehen,
~ um wieder zu Kräften zu kommen.

Auch unsere Seele braucht Zeit, um der Realität des Verlustes hinterher zu kommen. Nur wir selbst haben die Intuition und spüren den richtigen Zeitpunkt. Es ist wichtig, dass wir uns von niemandem drängen oder manipulieren lassen. Wir können auf unsere Intuition vertrauen. Wir spüren genau, ob es zu früh oder der richtige Zeitpunkt ist, sich vorsichtig der Realität anzunähern.

> *„Intuition besteht aus Dingen, die wir gelernt haben,ohne dass wir realisiert haben, dass wir sie gelernt haben.“ (Seymur Epstein)*

Es ist sehr hilfreich, dass unser Organismus uns bei einem Verlust die Trauer unwillkürlich zur Verfügung stellt. Sie ist einfach da, spürbar und stellt sich ohne unser Zutun ein.

Trauer ist wie die Liebe eine angeborene Basisemotion, die zutiefst schmerzhaft sein kann, unkontrolliert über uns hereinbricht und uns wie ein unbändiger Strom überfluten kann. Am liebsten wehren wir sie ab und möchten bestenfalls nichts mit ihr zu tun haben. Nach einer Weile spüren wir jedoch, dass es sinnlos ist, gegen den Strom der Trauer zu schwimmen. Es kommt darauf an, dass wir unsere Trauer wahrnehmen, annehmen und bewusst leben lernen.

Doch wie soll das gehen?

Wir können sicher sein, dass unsere Trauer in der schlimmsten Zeit unser Überleben sichert. Sie ist unsere Rettung, unser Seelenheil und Ausdruck unserer Liebe zu den Verlorenen. Sie ist zutiefst schmerzvoll, zuweilen unerträglich, manchmal befreiend und erleichternd. Sie spiegelt unsere tiefe Liebe zu den Verlorenen wider und macht körperlich und seelisch spürbar, was wir verloren haben.

Sich ihr anzunähern, fällt uns aufgrund des damit verbundenen Schmerzes und der belastenden Gefühle natürlicherweise schwer. Lernen mit der Realität und den Trauergefühlen umzugehen, erscheint uns anfänglich nicht möglich. Dafür gibt es keine Gebrauchsanweisung. Es geht darum, die Wahrheit in kleinen, verträglichen Schritten wahr werden zu lassen. Ein tiefgreifender Verlust ist eine Wahrheit, die sich langsam in unser Bewusstsein und in unser Leben einschleicht.

„Nachdem mich meine Frau verlassen hatte, war ich ein Getriebener. Ich musste mich immer bewegen und etwas tun. Ich rannte vor der Realität und vor meinem Schmerz davon. Stillsitzen konnte ich nicht aushalten. Später wurde es wieder besser und ich kam etwas mehr zur Ruhe.“

„In der ersten Zeit nach dem Unfalltod meiner Tochter konnte ich anderen Menschen und der Welt da draußen nicht mehr begegnen. Ich wollte nur noch für mich sein. Nur durch meinen Rückzug konnte ich das schrecklichste Ereignis in meinem bisherigen Leben aushalten.“

„Als ich realisierte, dass mein Mann gestorben war, konnte ich nicht mehr aufhören zu weinen. Es war wie ein Wasserfall und es war mir sehr peinlich. Deshalb weinte ich nur unbeobachtet und heimlich zuhause und vermied möglichst Kontakte. Erst später war ich wieder in der Lage mir Hilfe zu holen in einer Gruppe für Trauernde.“

Um die Realität des endgültigen Verlustes wahr werden zu lassen, brauchen wir Zeit und Raum. Wir wissen kognitiv, dass wir einen geliebten Angehörigen unwiederbringlich verloren haben, aber was das für unser weiteres Leben bedeutet, können wir kaum erfassen. Trotzdem gehört das vorsichtige Sich-Einlassen auf die Wahrheit zu den ersten wichtigen Schritten auf unserem Trauerweg.

Der Weg führt durch die Trauer hindurch. Wir können sie nicht vermeiden. Es gibt kein Entkommen aus dieser überaus schmerzlichen und leidvollen Situation und den Konsequenzen, den der Verlust mit sich bringen wird. Wir haben keine Wahl. Um heil und gesund zu bleiben, müssen wir uns, früher oder später, auf unsere Trauer einlassen. Es ist wichtig, dass wir mit unserer eigenen Trauerwelt in Berührung kommen.

Die Trauerforscherin und Psychotherapeutin Verena Kast beschreibt, dass ein verlustbedingter Schicksalsschlag unser Leben in ein Vorher und ein Nachher teilt und weist darauf hin, dass wir zukünftig herausgefordert sind, zwischen diesen beiden Gegensätzen eine Brücke zu bauen (vgl. Kast 1998, 19).

Es geht darum eine persönliche Brücke zu bauen zwischen dem vergangenen Verlorenen und dem zukünftigen Leben ohne die Verlorenen.

Das Gute ist, wir können uns Unterstützung holen, aktiv werden und sind so dem Geschehen nicht hilflos und einsam ausgeliefert.

Wir können unsere innere Trauerwelt erforschen. Wir können versuchen herauszufinden, was der Verlust für uns im Hier und Jetzt und für unser zukünftiges Leben bedeuten wird. Es geht darum, uns in unserer persönlichen Krisensituation zu verstehen. Unsere Trauer hilft uns, herauszufinden, was für uns jetzt wichtig ist, was wir brauchen und vor allem auch, was wir jetzt nicht brauchen können, was uns eher noch zusätzlich belastet.

Fragen, die Ihnen hilfreich sein können:

~ Wer oder was kann mir jetzt in meiner Not hilfreich sein?
~ Gibt es Menschen, die mich in meiner Not (aus)halten können?
~ Wer bin ich als Trauernde(r)?

- Traue ich mir im tiefsten meines Inneren zu, diese Krise zu meistern?
- Habe ich bereits Vorerfahrungen mit schmerzvollen Verlusten?
- Was war mir damals hilfreich? Was hat mich eher noch zusätzlich belastet?

Erst wenn wir die Wahrheit annehmen können, sie allmählich zu unserer Seele durchdringen kann, finden wir in unsere Trauer hinein. Auch wenn sich in uns anfänglich immer wieder eine natürliche Abwehr einstellt, Sich-Einlassen unvorstellbar erscheint und zutiefst schmerzlich ist. Wenn wir uns trauen, uns auf unsere Trauer bewusst einzulassen, können wir im Laufe des Trauerprozesses zu einer inneren Befriedung und Aussöhnung mit dem Geschehen kommen.

Den Tod und Abschiede ins Leben integrieren

Abschiede als Teil unseres Lebens, von der Geburt bis zum Tod

> *„Bewahre mich vor dem naiven Glauben, es müsste im Leben alles gelingen. Schenke mir die nüchterne Erkenntnis, dass Schwierigkeiten, Niederlagen, Misserfolge und Rückschläge eine selbstverständliche Zugabe zum Leben sind, durch die wir wachsen und reifen." (Antoine de Saint-Exupery)*

Die Auseinandersetzung mit unserer menschlichen Verletzlichkeit und Endlichkeit und der damit verbundenen Trauer ist eines der ältesten Menschheitsthemen. Ein tiefgehender Abschied fordert uns auf eine besondere Weise heraus, uns mit natürlichen und schmerzlichen Gegebenheiten menschlicher Existenz auseinanderzusetzen. Wir wissen zwar von der Endlichkeit unseres Seins, auch davon, dass wir Menschen, mit denen wir in Liebe verbunden sind, verlieren können. Aber heimlich hegen wir doch die illusionäre Hoffnung, davon verschont zu bleiben. Wir wissen vom Abschied nehmen und vom Tod und doch versuchen wir ihm zu entkommen. In dieser Ambivalenz bewegen wir uns ein Leben lang.

„Vor dem Tod meines Kindes hatte ich offensichtlich eine sehr kindliche, naive Vorstellung vom Leben. Ich dachte, Abschied und Tod haben mit meinem Leben und mit mir nichts zu tun. Sterben ist etwas für andere, etwa hochaltrige Menschen. Aber die Krebserkrankung meines Kindes hat mich eine andere Lebensrealität gelehrt. Ab diesem Moment wusste ich, dass wir alle sterblich sind, auch ich."

Es verunsichert und es ängstigt uns, dass Abschiede außerhalb unserer Kontrolle und unserer Macht liegen und unerwartet in unser Leben einbrechen können. Unser Leben zwingt uns zu Veränderungen, an die wir unser Leben anpassen müssen. So stellt sich für uns alle die Frage, wie wir dem immerwährenden Werden und Vergehen begegnen möchten. Wir brauchen eine persönliche Haltung dazu, damit wir mit unserer menschlichen Verletzlichkeit und Endlichkeit leben lernen.

Auf unserem Lebensweg versuchen wir mehr oder weniger bewusst, uns dieser Lebens- und Sterberealität anzunähern. Das bleibt allerdings immer nur in unserem Denkwissen verhaftet, denn der Tod ist nicht vorhersehbar und es existiert kein erfahrbares Wissen über den Tod und das vielleicht erhoffte Danach. Es fehlt uns die Erlösungsgewissheit. Das macht uns den Umgang mit der Realität des Todes oder mit schmerzlichen Abschieden so schwer.

> *„Der Tod ragt in Gestalt der ständigen Veränderungen in unser Leben hinein. Leben angesichts des Todes muss abschiedlich gelebt werden; wir müssen immer bereit sein, Abschied zu nehmen, und immer auch bereit sein, unsere Geschichte als Geschichte von unendlich vielen Veränderungen in uns aufleuchten zu lassen, als die Ausfaltung unserer Identität." (Kast, 1882, 15)*

Verena Kast möchte uns dazu ermutigen, unser Leben im Bewusstsein unserer eigenen Endlichkeit und Zerbrechlichkeit zu leben. Sich dieser Realität anzunähern ist ein lebenslanger Prozess. Wir bewegen uns natürlicherweise in einer Ambivalenz zwischen Annäherung und Abwehr. Dieses Hin und Her ist für unsere Seele heilsam, denn kein Mensch kann ständig die Realität der Endlichkeit aller Dinge und Verbindungen ertragen und doch sind wir gefordert, dazu eine persönliche Lebenshaltung zu finden. Unsere Todesgewissheit wächst durch Erfahrungen mit Abschieden und den Toden, die wir im Laufe unserer Biografie zu verschmerzen haben.

Wir können lernen, die Endlichkeit und Verletzlichkeit als natürlichen Bestandteil unseres Lebens anzuerkennen und uns trotzdem Freude, Lebenslust, Glücklichsein und Leichtigkeit nicht zu versagen. Haben wir den Mut, Tod und Abschiede in unser Leben hineinzunehmen, können sich im Hinblick auf unsere Lebenshaltung neue Erkenntnisse zeigen.

Wenn wir den Tod in unser Leben lassen,

- kann er seinen Schrecken verlieren,
- kann die Wertschätzung unseres Lebens wachsen,
- können wir vielleicht bewusster und intensiver leben,
- sind wir vielleicht in der Lage, die wesentlichen von den unwesentlichen Dingen des Lebens voneinander zu unterscheiden.

Die Wahrheit der Endlichkeit kann uns lehren, das Leben zu lieben, hilft uns, den Sinn des Lebens für uns zu klären und lehrt uns Demut und Dankbarkeit.

Fragen, die Ihnen hilfreich sein können:

- Was sind meine Lebensüberzeugungen?
- Wo kommen wir eigentlich her?
- Wo gehen wir hin?
- Gibt es etwas, das bleibt?
- Wo sind meine Verstorbenen jetzt?
- Gibt es ein Weiterleben nach dem Tod, oder ist dann alles zu Ende?
- Warum sind wir Menschen sterblich?
- Macht die menschliche Verletzlich- und Endlichkeit einen Sinn?
- Was ist der Sinn des Lebens?

Persönliche Potenziale entfalten
Krise, Resilienz und Selbstsorge

Viele Krisen wie der Verlust eines geliebten Menschen, unser erstes unglückliches Verliebtsein, das Gebrechlich-Werden im Alter, Trennung und Scheidung erleben wir das erste Mal. Deshalb funktionieren und greifen unsere vertrauten und gewohnten Bewältigungsstrategien, die wir uns im Laufe unseres Lebens angeeignet haben, nicht mehr. Wir sind gefordert, neue Umgangsformen und Mittel zu finden, um zu reifen und aus dem Krisengeschehen heil und gesund hervorgehen zu können.

Wenn uns jemand verlassen hat, sind wir auf uns selbst zurückgeworfen und schlittern in eine Krise. Wir erleben gezwungenermaßen einen Lebensübergang, einen Umbruch. Das alte Leben gibt es von jetzt auf gleich nicht mehr und ein neues ist vorerst unvorstellbar und noch nicht in Sicht.

Lebensübergänge fordern uns heraus

Lebensübergänge sind wiederkehrende Entwicklungsherausforderungen, denen wir uns immer wieder stellen müssen, ob wir wollen oder nicht. Manche wählen wir selbst und ersehnen sie mit Freude und Hoffnung, wie etwa eine neue Liebe, unsere Hochzeit, die Geburt unseres ersten Kindes. Andere, wie Trennung und Scheidung, schwere Krankheiten, traumatische Erlebnisse, Lebensenttäuschungen brechen unkontrollierbar über uns herein.

Auch gibt es lebenszyklische Übergänge, die wir alle durchleben, wie etwa unsere eigene Geburt, unsere Pubertät, Berufseinstieg und eventuell unsere Familiengründung. Wir müssen in das Elternwerden hineinwachsen, später unsere Kinder in ihr eigenes, autonomes Leben entlassen, unser Älterwerden verkraften, von geliebten Menschen Abschied nehmen und unseren letzten wohl schwierigsten radikalen Übergang, nämlich unseren persönlichen Tod, leben bzw. sterben.

Kleine und harmlose Übergänge leben wir täglich selbstverständlich, ohne darüber nachzudenken und sie schmerzen uns kaum. Oft sind sie mit Ritualen verbunden. Wir beginnen unseren Tag mit Sport, einer Dusche, einer Tasse Kaffee und begehen so den Übergang von einem zum nächsten Tag, ohne darüber nachzudenken. Wir verabschieden uns morgens von unseren Liebesten, wünschen einen angenehmen Tag und gehen selbstverständlich davon aus, dass wir uns am Abend wiedersehen. Jeder neue Tag birgt neue Möglichkeiten, mit dem Leben umzugehen.

Endgültige, tiefgreifende und nicht gewählte Übergänge machen uns mehr zu schaffen, stellen uns vor heftige Reifungsherausforderungen. Sie rauben uns vorübergehend unsere Kraft und können uns zutiefst erschöpfen. In diesem geschwächten Zustand müssen wir Doppeltes leisten. Plötzlich sind wir allein mit allem, was wir uns vorher mit den Verlorenen teilen konnten.

Wir befinden uns mitten in einer Krise und der sich anschließende Trauerprozess birgt Gefahren. Er birgt die Gefahr, dass wir an unsere Grenzen kommen und uns alle Herausforderungen des Alltäglichen über den Kopf wachsen. Er birgt die Gefahr, dass wir ausbrennen, weil die alltäglichen Herausforderungen unsere Kräfte übersteigen, wir keine Zeit für unsere persönliche Trauer haben und weil wir uns um die Kinder und den Alltag kümmern müssen.

Woher sollen wir in diesem geschwächten Zustand die Kraft und Energie nehmen?

Als Trauernde können wir vorübergehend den Zugang zu unseren gewohnten Ressourcen verlieren, auf die wir in der Regel in schwierigen Zeiten zurückgreifen können. In dem Wort Ressource steckt source, was Quelle bedeutet. Die Quelle, aus der wir sonst in Krisen schöpfen konnten, scheint erloschen.

> *„Seit meine Frau mich verlassen hat, sind meine Ressourcen und Kraftquellen tief verschüttet, wie begraben. Mein seelisches Standvermögen, auf das ich eigentlich immer recht stolz war, ist nicht mehr da."*

In guter und hilfreicher Beziehung zu sein mit uns selbst, mit anderen und der Welt kann uns allmählich wieder mit unseren Ressourcen verbinden. Vertrauen, Mut und wertschätzende Selbstsorge können hilfreich sein. Oftmals sind wir in einer Krise sehr streng mit uns selbst und unser innerer Kritiker dominiert uns.

> *„Andere bewältigen ihren Verlust viel besser. Ist doch klar, dass ich das nicht hinkriege. Ich fühle mich gescheitert auf der ganzen Linie."*

In Krisenzeiten sollten wir mit einem eher milden, liebevollen Blick auf uns selbst schauen. Es geht darum herauszufinden, was wir jetzt brauchen, wer oder was uns hilfreich sein kann in dieser überaus vulnerablen Situation. Unsere Seele will gehegt und gepflegt, nicht kritisiert sein. Zu keiner Zeit sind wir mehr gefordert, eine gute Selbstsorge zu betreiben als in Zeiten von Trauer und Krisen.

Selbstsorge und Resilienz

Es ist wichtig, dass wir im Laufe der Zeit wieder Zugang zu unserer persönlichen Resilienz, unseren Ressourcen und Kraftquellen finden, damit wir an unseren Verwundungen wachsen, wieder schöpferisch werden und aus uns heraus Kraft schöpfen können.

Resilienz leitet sich aus dem lateinischen Wort resiliere ab. Es bedeutet Belastbarkeit, Elastizität und Widerstandsfähigkeit. Resilienz meint also eine psychische Widerstandskraft und Fähigkeit, Krisen und Schicksalsschläge zu meistern und mit tiefem Wandel umgehen zu lernen. Sie hilft uns mit Veränderungen, Übergängen, Umbrüchen, Trauer und Verwundungen produktiv, kreativ, elastisch und nach vorne blickend umzugehen. Psychische Belastbarkeit bedeutet eine zentrale Kraft in unserem Leben, die wir alle besitzen und auch lernen können.

Neuere Forschungen werfen die Frage auf, wie es kommt, dass manche Menschen an Schicksalsschlägen zerbrechen und andere erstarkt daraus hervorgehen.

Aus unterschiedlichen Studien entwickelten sich die 7 Säulen der Resilienz, die vom Fachverband der amerikanischen Psychologenvereinigung veröffentlicht und beschrieben wurde. Es handelt sich um Fähigkeiten, die uns in Krisenzeiten hilfreich sein können:

~ Grundoptimismus
~ Akzeptanz des Geschehenen
~ Lösungsorientierung
~ Die Opferrolle verlassen

- Verantwortung für das Geschehene übernehmen
- Netzwerkorientierung
- Zukunftsplanung

Vielleicht entdecken sie die eine oder andere Fähigkeit bei sich selbst.

In diesem Zusammenhang erscheint mir der Grundoptimismus wesentlich. Ein Verlust bringt uns an unsere persönlichen Grenzen und wir haben immer wieder Angst, alles nicht bewältigen zu können. Aber tief in unserem Inneren hegen wir vielleicht doch die intuitive Überzeugung und Hoffnung, dass wir es schaffen. Auch wenn wir oft verzweifelt sind, nicht weiterwissen und immer wieder an Grenzen stoßen. Dieser Grundoptimismus ist eine Fähigkeit, die uns in unserer Krisenzeit sehr hilfreich sein kann.

Der Dichter Albert Camus bringt diese grundoptimistische Haltung zum Ausdruck:

> *„Mitten im Winter habe ich erfahren, dass es in mir einen unbesiegbaren Sommer gibt." (Albert Camus)*

Resilienz ist also mehr als eine Anpassung an widrige Umstände. Krisen bringen uns an Grenzen, können aber auch Stärken in uns hervorrufen, die wir zuvor niemals für möglich gehalten haben. Resilienz ist erlernbar und wir können uns bis ins hohe Alter resiliente Kompetenzen aneignen.

Bis wir in unserem Leben dahin gekommen sind, wo wir uns jetzt befinden, haben wir schon zahlreiche kleine und große Krisen, Schwierigkeiten und Rückschläge überstanden. Wir haben uns intuitiv, ohne es bewusst anzustreben, eine persönliche, individuelle Umgangskultur für Notsituationen angeeignet. Diese Fähigkeiten und inneren Kräfte gehören zu unserem Resilienz-Repertoire. Es kann sehr hilfreich sein, wenn wir unserem persönlichen Potenzial auf die Spur kommen. Hier geht es um die Frage, wer oder was kann uns persönlich hilfreich sein?

Wie sieht Ihr persönlicher Notfallkoffer aus?

> Grundoptimismus, Humor, Erfahrung, Selbstsorge, Familie, Natur, Glaube, Soziale Beziehungen, Entscheidungsfähigkeit, Kreativität, Lösungsorientierung, Sport, Partnerschaft, Bildung, Entwicklungsbereitschaft, Soziale Kompetenzen, Geistige Kompetenzen, Urlaub, Spiritualität, Hilfe annehmen können

Sie können überprüfen, wer oder was Ihnen persönlich hilfreich sein kann und woraus Sie Kraft schöpfen.

Bestenfalls ist zum richtigen Zeitpunkt der richtige Mensch da, der uns stützen und begleiten kann. Wichtig ist auch eine gute Bindung zu uns selbst. Wenn jemand uns verlassen hat, haben wir keine Alternative. Es geht darum, uns selbst Vertrauen zu schenken und uns den Herausforderungen zu stellen, obwohl wir unsere Komfortzone verlassen müssen und nicht sicher sein können, ob wir es schaffen. Eine gewisse Risikobereitschaft erfordert Mut, hilft uns aber in vorsichtigen Schritten in unser zukünftiges Leben, stärkt unsere Lebenskraft und unsere Krisenkompetenz.

Die Beziehung wandeln und erinnern

Sich einlassen statt loslassen

> *„Du musst endlich loslassen!“*

Diesen Satz hören Trauernde des Öfteren sowohl von Freunden und Bekannten als auch von Fachleuten. Durch diese Loslass-Forderung werden wir allerdings um unseren Wunsch und die tiefe Sehnsucht betrogen, mit den Verlorenen in Verbindung bleiben zu dürfen. Das löst in uns zurecht heftigsten Widerstand aus. Aber es muss uns bewusst sein:

> *„Das gemeinsame, lebbare Leben auf dieser Welt ist unwiederbringlich verloren, aber die Beziehung bleibt und wird sich zukünftig nach und nach einer Wandlung unterziehen (müssen).“ (Magerl, 2022,98)*

Eine Alternative für das Loslassen kann das bewusste Abschiednehmen sein. Es beinhaltet das Sich-Einlassen auf den Trauerprozess und die damit einhergehenden Veränderungen für unser Leben. Abschiednehmen hält im Gegensatz zum Loslassen eine Alternative bereit. Die Not wendet sich, wenn die Verlorenen in unserer Seele oder in unserem Herzen einen neuen Platz einnehmen können.

Es ist sehr erleichternd und heilsam, wenn wir in Verbindung mit unseren Verlorenen bleiben können, Erinnerung sein darf und wir aus der Erinnerung Trost schöpfen können. Die erinnerbare Liebe darf weiterbestehen. Wir können in einem inneren Dialog den verlorenen Menschen in uns weiterleben lassen. Auch die neuere Trauerforschung macht deutlich, dass fortbestehende Bindungen, continuing bonds (Metz, CH. (2011)), heilsam sind. Nur dann kann der Schmerz allmählich nachlassen.

Einen unwiederbringlichen Verlust erleben wir als absolut. In dieser verzweifelten Situation neigen wir dazu, die Verlorenen ausschließlich in ihren guten und liebenswerten Persönlichkeitsmerkmalen zu sehen. Wir erinnern vor allem die glückliche, erfüllende gemeinsame Lebenszeit und neigen dazu, sie zu überhöhen. Diese natürliche Verherrlichung macht uns die unfassbare Dimension des zu erleidenden Verlustes deutlich. Aus einem Schutzimpuls heraus möchten wir nichts auf die Verlorenen kommen lassen und ihr Andenken im positiven Sinn bewahren.

Aber unser Schmerz wird sich erst dann wirklich abmildern, wenn wir uns die Beziehung, die wir gemeinsam gelebt haben, noch einmal realistisch anschauen und klären. Es geht darum, die erfüllenden und glücklich machenden, aber auch die schwierigen Anteile des gemeinsamen Lebens und der Beziehung wahr werden zu lassen.

Alle Beziehungen, ob es sich um eine Paarbeziehung, eine Eltern-Kind-Beziehung oder um freundschaftliche Beziehungen handelt, haben auch Schattenseiten.

Wenn wir uns trauen das Erfüllende, das Schmerzliche und das Enttäuschende nochmal wiederzubeleben, kann unsere Beziehung zu dem verlorenen Menschen in die angemessene Relation kommen. Das kann unsere Beziehung in eine neue Ordnung bringen und erleichtert einen versöhnlichen Abschied. Es gilt zu klären, was in unserer gemeinsam gelebten Zeit erfüllend und glücklich machend war, was bleibt, aber auch, was schwierig war.

Fragen zur Beziehungsklärung, die Sie für sich beantworten können:

Sie können Ihnen hilfreich sein, unabhängig davon, ob Sie einen geliebten Menschen für das weitere Leben freigeben mussten oder durch den Tod getrennt worden sind.

Was war gut und erfüllend in unserer Beziehung?

~ Welche schönen, erfüllenden Dinge haben wir gemeinsam erlebt?
~ Welche Krisen haben wir gemeinsam bewältigt?
~ Besonders glücklich machend war für mich ...
~ Ich möchte dir unbedingt noch sagen, dass ...
~ Du fehlst mir besonders, wenn ...
~ Du warst und bist für mich ...
~ Ich liebe dich ...
~ Ich bin dir sehr dankbar dafür, dass ...

Was war schwierig, schmerzlich und enttäuschend in unserer Beziehung?

~ Welche Verletzungen haben wir uns gegenseitig zugefügt?
~ Du hast mich verletzt, weil ...
~ Ich nehme dir übel ...
~ Ich vergebe dir ...
~ Es tut mir leid, dass ich ...
~ Ich möchte dich um Verzeihung bitten ...
~ Ich vergebe mir ...

Was bleibt für die Zukunft?

~ Ich möchte dich zukünftig in meinem Herzen, in meiner Seele bewahren ...

- ~ Es geht für mich gut weiter, wenn ...
- ~ Ich bitte dich, mich zukünftig zu begleiten ...
- ~ Du bist in Zukunft für mich ...

Erinnerung kultivieren

Es kann für uns hilfreich sein, wenn wir die Liebe und die Wertschätzung, die uns mit dem verlorenen Menschen verbindet, weitertragen und mitnehmen in unser neues Leben.

Folgende Fragen können Ihnen für eine positive Erinnerungskultur hilfreich sein:

- ~ Was hat der Verlorene mir geschenkt und hinterlassen?
- ~ Was war das Einzigartige und Kostbare in unserer Beziehung?
- ~ Gibt es Fähigkeiten oder Interessen, die er in mir geweckt hat?
- ~ Kann er für mich in meinem zukünftigen Leben ein Vorbild oder ein innerer Ratgeber sein?

So können wir uns aussöhnen mit der real gelebten Liebe. Wir können uns bewusst machen, was genau unwiederbringlich verloren ist. Wir können aber auch spüren, was bleibt. Die alltäglich lebbare Liebe ist auf dieser Welt unwiederbringlich verloren. Aber das tastet die Liebe nicht an. Sie bleibt in unserem inneren Erleben bestehen.

Eine neue Daseinsperspektive finden

Wieder Ja sagen zum Leben

> *„Irgendwann wird es wieder Frühling. Und plötzlich weißt du: Es ist Zeit etwas Neues zu beginnen und dem Zauber des Anfangs zu vertrauen." (Meister Eckhardt)*

Das Zitat von Meister Eckardt macht Mut, weil es von Vertrauen spricht. Wir durchleben eine schwierige Zeit und kommen nicht umhin, unsere gesamte Lebensenergie von der Vergangenheit abzuziehen und in unser zukünftiges Leben zu investieren. Irgendwann müssen wir uns bewusst für unser neues, zukünftiges Leben entscheiden und nicht mehr rückwärts, sondern vorwärtsblicken.

Es ist gut, wenn wir uns bewusst machen, dass wir allein die Protagonisten und Interpreten unseres Lebens und unserer Geschichte sind. Wir treffen die Entscheidungen für unser Leben. Das bedeutet, irgendwann, wenn wir eine innere Bereitschaft spüren, sagen wir bewusst wieder Ja zum Leben. Unsere Intuition wird uns helfen, den richtigen Zeitpunkt dafür zu erspüren. Unser Vertrauen in uns selbst ist der Schlüssel.

Es geht darum, in krisenhaften Lebenssituationen allmählich wieder die eigene Initiative für das Leben zu ergreifen. Die Zeit der Trauer ist wie ein erzwungenes Innehalten, ein Zwischenstopp. Wir müssen uns in der Welt neu sortieren und positionieren.

Mit Hilfe unserer persönlichen Ressourcen und Kraftquellen, die wir uns angeeignet haben, kann uns dies gelingen. Wir können dann, wenn es so weit ist, die Opferrolle verlassen und das Zepter unseres Lebens wieder selbst in die Hand nehmen.

Lange Zeit sind wir natürlicherweise damit beschäftigt, zurückzuschauen, auf das Verlorene, auf die gemeinsam gelebte Zeit. Wir trauern um die Verlorenen, aber auch um unsere verlorene Zukunft. Wir schauen auf das Erfüllende und das Schwierige. Wir haben die Aufgabe, das Erlebte und Verlorene in unser Leben einzugliedern. So, dass unsere Seele sich beruhigen und der Schmerz allmählich nachlassen kann. Irgendwann kommt der Punkt, an dem wir uns trauen können, einen hoffnungsvollen Blick in unsere Zukunft zu wagen.

Vielleicht klopfen aus unseren Tiefen vorsichtig neue Lebenswünsche an? Dann fühlt es sich an wie eine kleine Auferstehung. Sie geschieht in uns, in unserem inneren Erleben. Wir durchlaufen im Laufe unseres Lebens zahlreiche kleine Auferstehungen. Immer dann, wenn wir eine Krise überstanden haben und wir wieder Licht am Horizont erahnen oder sehen können.

Wir können vorsichtig wieder Hoffnung schöpfen. Hoffnung bedeutet das intuitive Erahnen von Lösungsmöglichkeiten, Wünsche in Erfüllung zu bringen.

Trauen wir uns, in eine neue Zukunft zu denken und zu fühlen, kann die Hoffnung unser innerer Antreiber sein und uns tragen.

Um unser zukünftiges Leben frei und ohne schlechtes Gewissen oder Schuldgefühle gestalten zu können, brauchen wir gefühlt die Erlaubnis unserer verlorenen Liebe.

„Ich habe vier Jahre nach dem Tod meiner Frau eine neue Liebe kennengelernt. Ich konnte wieder Lebensfreude spüren und Hoffnung schöpfen. Jedoch nach jedem Treffen hatte ich ein schlechtes Gewissen. Vor allem dann, wenn wir Sex hatten. Ich hatte das Gefühl, ich betrüge meine verstorbene Frau und breche unser Eheversprechen."

Gegenseitige Versprechen spielen in unseren gelebten Beziehungen eine bedeutende Rolle. Wir geben im Miteinander, ausgesprochen oder unausgesprochen, zahlreiche Versprechen ab:

- Ich werde dir immer treu sein
- Du kannst dich immer auf mich verlassen
- Ich werde dich niemals im Stich lassen

In der Regel geben wir Versprechen ab, die absoluten, idealisierten Charakter haben. Diese entsprechen aber nicht unserer menschlichen Begrenztheit und lassen sich somit schwer einhalten. Gelingt es uns nicht, diese Versprechen einzuhalten, weisen wir uns oftmals selbst Schuld zu, fühlen uns schlecht und unser Gewissen meldet sich.

Versprechen wandeln

Verlieren wir einen geliebten Menschen, verlieren auch unsere gegenseitigen Versprechen, die wir uns einmal gegeben haben, ihre Gültigkeit. Wir müssen sie unserer veränderten Lebenssituation entsprechend anpassen.

„Ich kann nicht mehr dein Mann sein, aber ich verspreche dir, dass unsere Liebe und unsere gemeinsam gelebte Zeit

unantastbar bleiben. Auch wenn mein Leben hier ohne dich weitergeht. Ich habe mich neu verliebt, trotzdem wirst du immer einen Platz in meinem Herzen behalten.“

Es kommt darauf an, dass wir uns trotz des tiefgreifenden Verlustes irgendwann wieder Neues, Schönes und Erfüllendes erlauben. Wir können den verlorenen, geliebten Menschen in unserem innerseelischen Erleben mitnehmen in ein neues, hoffnungsvolles, wenn auch gewandeltes, zukünftiges Leben.

Fragen, die uns weiterhelfen können:

~ Bin ich schon bereit, mich auf mein neues Leben ohne den Verlorenen einzulassen, oder brauche ich noch Zeit?
~ Fühle ich mich frei, um ein neues Leben oder eine neue Liebe zu leben?
~ Traue ich mir das zu?
~ Wer oder was kann mich unterstützen?
~ Wie kann ich mir mein zukünftiges Leben vorstellen?
~ Wie möchte ich mein zukünftiges Leben gestalten?
~ Was möchte ich in mein neues Leben mitnehmen?
~ Was möchte ich zurücklassen oder verändern?
~ Was sind meine zukünftigen Lebenswünsche und Ziele?
~ Welche Chancen liegen für mich bereit?
~ Wie kann ich meine verlorene Liebe mit in mein neues Leben nehmen?

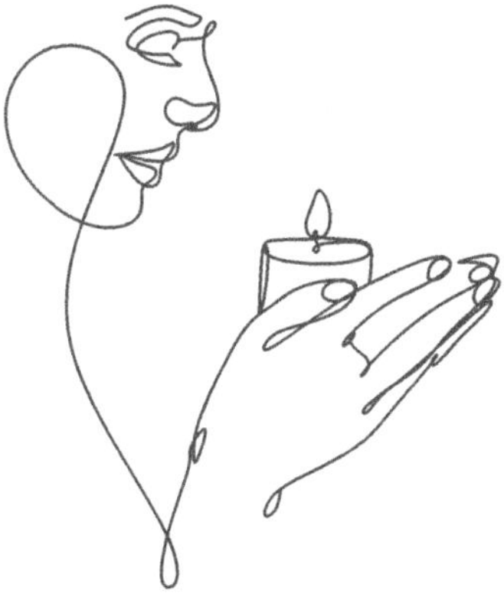

4

WAS TRAUERNDE UNS IM RÜCKBLICK SAGEN KÖNNEN

Über das Leben nach einem schwierigen Verlust

Eine Mutter, die ihren 30-jährigen Sohn verloren hat
Eine Frau und Mutter, die ihren Mann verloren hat
Ein Mann und Vater, der seine Frau verloren hat
Eine Tochter, die ihren Vater verloren hat
Eine Frau, die in jungen Jahren ihr Baby verloren hat

An dieser Stelle sollen Menschen zu Wort kommen, die ebenso wie Sie einen schmerzvollen Verlust erleben und durchleben mussten und Ihnen vielleicht aufgrund ihrer Erfahrungen rückblickend Hoffnung und Mut machen können.

Eine Mutter, die ihren 30-jährigen Sohn verloren hat

Mein Sohn war gerade einmal eineinhalb Jahre verheiratet, als er eine Krebsdiagnose bekam. Plötzlich waren wir in unserer Familie einer unglaublichen Dynamik ausgesetzt und eine Odyssee an Klinikaufenthalten schlossen sich an. In dieser Zeit waren wir alle, mein erkrankter Sohn, mein Mann, unsere Tochter und ich selbst emotional sehr belastet. Jede(r) auf seine Art.

Nach einer Operation, die aus medizinischer Sicht positiv verlaufen ist, waren wir jedoch recht hoffnungsfroh gestimmt und dachten, dass mein Sohn über den Berg ist und es geschafft hat.

Nach einigen Monaten gab es allerdings einen Rückschlag, ein Rezidiv und uns allen wurde allmählich klar, dass wir endgültig voneinander Abschied nehmen müssen. Wir haben ihn gemeinsam versorgt, gepflegt und er ist dann zuhause in unserer Mitte gestorben.

Obwohl ich wusste, dass er sterben wird, war es, als sein Tod Realität wurde, ein furchtbarer Schock für mich. Ich konnte es nicht glauben, ich konnte es nicht realisieren. Ich war mit dem erwarteten, aber dann doch plötzlichen Tod heillos überfordert.

Ich ging immer wieder zu ihm in sein Zimmer und hab ihn noch einmal angeschaut, weil ich nicht glauben konnte, dass er tot sein soll. Es hat eine Zeit gedauert, bis auch meine Seele verstanden hat, dass der Tod jetzt Wirklichkeit geworden ist.

Die schlimmste Situation für mich war, als er am nächsten Tag abgeholt wurde. Ich konnte nicht dabei sein, weil ich nicht aushalten konnte, wie sein Sarg in das Auto des Beerdigungsinstituts eingeladen wurde. In dieser Situation waren die Unwiederbringlichkeit und Endgültigkeit spürbar und unerträglich. Endgültigkeit tut sehr weh.

Wenn ich heute unterwegs bin und junge Männer in seinem Alter sehe, werde ich immer wieder an ihn erinnert. Sein Zimmer haben wir noch nicht endgültig geräumt. Das braucht noch Zeit. Wir konnten mit unserem Sohn und unserer Schwiegertochter alles gut regeln, auch die finanziellen Dinge. Das hat unser aller Trauer befriedet, das Sterben erleichtert und uns zusätzlichen Stress erspart.

Ich war in tiefer Trauer, aber es war für mich anders als für meinen Mann, der heute noch manchmal schwer an dem Verlust trägt. Für mich war der Tod meines Sohnes zwar ein Schock, fühlte sich aber im Rückblick gleichzeitig auch als Erleichterung an. Ich kann sagen, ich bin fast froh, dass alles so ausgegangen ist, dass er so friedlich sterben konnte und keine Schmerzen erleiden musste. Letztendlich war es aus meiner Sicht für ihn und damit auch für mich eine Erlösung.

Mein Sohn hat sein Leben genossen, er ist in seinem Leben viel gereist, auch mit seiner Frau. Er hat in seinem kurzen Leben das gelebt, was er sich gewünscht hat. Er hat sich seine Lebenswünsche erfüllt. Manche Menschen brauchen 80 Jahre, um das zu erleben, was er in 30 Jahren bereits gelebt hat. Er hatte ein gutes Leben und Qualität statt Quantität gelebt. Das beruhigt mich im Nachhinein sehr und ich habe nicht das Gefühl, dass er etwas versäumt hat.

Ich war selbst einmal sehr krank und habe mich in meiner Krisenzeit intensiv mit mir selbst, mit Sinnfragen und der Endlichkeit des Lebens befasst und bin daraufhin auch Mitglied des Hospizvereins geworden. Ich war auf der Suche, nach einer persönlichen Haltung zu Sterben, Tod und Trauer und habe mich mit den Sinnfragen des Lebens befasst. Das ist mir in meiner Not und beim Abschiebnehmen von meinem Sohn zugutegekommen.

Nun ist mein Sohn seit 3 Jahren tot. Mein Bewusstsein über die Endlichkeit des Lebens ist mir heute sehr hilfreich. Ich weiß, dass es meinem verstorbenen Sohn gut geht. Ich bin sicher, dass ich mich nicht um ihn sorgen muss. In der Regel spüre ich keinen Schmerz mehr, nur noch ab und an, denn ich bin überzeugt davon, dass er gut aufgehoben ist, dort wo er jetzt ist. Deshalb kann ich meine heutige Lebenssituation so annehmen, wie sie ist. Es gibt Dinge im Leben, die wir anerkennen müssen. Gelingt uns das, wird es leichter.

Wenn ich an seinem Foto vorbeigehe, habe ich das Gefühl, dass er noch hier ist bei mir. Ich tue das nicht mit Schmerzen, eher in liebevoller Verbundenheit und ich streiche ihm manchmal liebevoll die Wange.

Es macht meiner Meinung nach keinen Sinn, nach dem Warum zu fragen. Letztendlich geht es darum, wie wir mit solch einem Schicksalsschlag umgehen. Alles hat meines Erachtens einen Sinn, auch wenn wir ihn nicht gleich erkennen.

Unser Sohn war unser geliebtes Kind und ist es immer noch. Er ist weiterhin Teil unserer Familie und lebt mit und in uns weiter, in unserer Erinnerung, in unseren Gedanken und Emotionen. Wir sind mit ihm für immer in Liebe verbunden. Trotz dieses schweren Schicksals kann ich heute wieder Glück und Lebensfreude empfinden.

Eine Frau und Mutter, die ihren Mann verloren hat

Nun sind schon einige Jahre seit dem Tod meines Mannes vergangen. Ich habe mittlerweile wieder einen Partner und befinde mich in einem neuen, völlig anderen Leben. Meine Kinder sind inzwischen erwachsen geworden und leben ihr eigenes Leben. Der frühe Tod meines Mannes bzw. des Vaters meiner Kinder ist und bleibt für uns ein Lebens-Thema. Das Geschehene hat unsere Weltsicht verändert und uns gefordert, die menschliche Verletzlichkeit, Endlichkeit und Sterblichkeit in das Leben hineinzunehmen. Es schmerzt mich heute noch, dass meine Kinder so früh schon von der Wucht der Krisenhaftigkeit des Lebens getroffen worden sind und ich ihnen aufgrund meiner eigenen Trauer und meiner damaligen chronischen Belastungssituation als alleinerziehende Mutter nicht so hilfreich sein konnte, wie ich es mir gewünscht hätte. Lange Zeit haben mich deshalb Schuldgefühle geplagt. Heute weiß ich, dass ich es so gut gemacht habe, wie ich konnte. Besser konnte ich es nicht.

Trotzdem haben meine Kinder die Krise erstaunlich gut gemeistert und so Ressourcen und resiliente Fähigkeiten für ihr zukünftiges Leben entwickelt. Die Wunde, die ein Verlust schlägt, heilt, aber sie bleibt verletzlich. Sie entwickelt zum Schutz einen Grind. Zuerst ist es nur ein dünnes Häutchen, das nur wenig schützt. Später setzt sich eine Narbe darüber und so tut sie nicht mehr weh. Nur manchmal noch. Es ist und bleibt eine lebenslange Aufgabe, die Trauerwunde zu hegen und zu pflegen. Meine Kinder haben schon früher als ich in jungen Jahren die Verletzlichkeit des Lebens verstanden und daraus Konsequenzen für ihr weiteres Leben gezogen. Sie haben viel früher als ich verstanden, was wesentlich ist im Leben und ihre Schwerpunkte entsprechend verlagert.

Heute kann ich etwas versöhnlicher auf meine damalige Not- und Überlastungssituation schauen. Wir befinden uns mittlerweile in einem neuen, wieder hoffnungsfrohen, wenn auch radikal gewandelten Leben. Wir können Lebensfreude spüren und konnten im Laufe der Zeit wieder Lebenshoffnung schöpfen.

Heue bin ich sehr froh, dass es Menschen gab, die mich und uns nicht verlassen haben und an unserer Seite geblieben sind. Im Rückblick auf diese bisher heftigste Lebenskrise meines Lebens bin ich diesen Menschen zutiefst dankbar, die mich damals in meiner schlimmsten Not halten und aushalten konnten, die einfach für mich und meine Kinder da waren. Trauernde Menschen zu begleiten braucht nichts anderes als Dasein. Das genügt, klingt einfach und kann doch sehr schwer sein.

Hilfreich war für mich ebenfalls, dass ich mich von den Forderungen aus meinem Umfeld, endlich loslassen zu müssen, lösen konnte. Ich habe im Laufe der Zeit verstanden, dass es nicht darum geht loszulassen, sondern dass sich die Beziehung zu dem Verlorenen wandelt und er immer einen Platz in meinem Herzen und meiner Seele behalten kann. Das hat mich sehr beruhigt. Ich habe ihn mit in mein zukünftiges Leben genommen.

Er ist heute ein innerer Ratgeber für mich. Ich bin sehr dankbar für die fast 20 Jahre, die wir gemeinsam mit den Kindern leben konnten. Meine Kinder und ich sprechen oft noch über ihn. Manchmal mit Humor und Schmunzeln, manchmal voller Liebe, manchmal aber auch über die Schattenseiten. Es war eine gelebte Liebe mit allen denkbaren Höhen und Tiefen. Wir werden für immer mit ihm in Liebe verbunden sein.

Ein Mann und Vater, der seine Frau verloren hat

Meine Frau litt viele Jahre an einer schweren Krankheit und hatte irgendwann keinen Lebenswillen mehr. Sie wollte nicht mehr leben, was sie uns auch mitgeteilt hat. Das war für mich und unsere Kinder sehr belastend. Wir waren chronisch unter Spannung und hatten Sorge, dass ihr etwas passieren könnte.

Eines Tages rief meine Tochter an und sagte, dass meine Frau, ihre Mutter, im Wohnzimmer liegt und nicht mehr atmet. Es war mir sofort klar, dass jetzt die allzeit befürchtete Situation eingetreten war. Zuhause angekommen sah ich sie am Boden liegen, leblos. Obwohl ich ja wusste, was passiert war, konnte ich nicht glauben, dass es jetzt so ist. Ich spürte aber intuitiv, es ist etwas passiert, was nicht mehr rückgängig gemacht werden kann. Das war ein Schock, etwas, was man eigentlich nicht erleben will. Ich wusste genau, das ist jetzt endgültig, das war´s.

Die Trauer war riesengroß. Wir haben sie aufgebahrt und da lag sie dann. Es war extreme Trauer da, Tag und Nacht. Wir haben viele Male gemeinsam um den Sarg gesessen, sprachlos. Meine Frau war aber immer noch da, denn wir konnten sie anschauen. Aber als sie dann in die Erde kam, war nochmals ein sehr schwieriger Moment, weil sie aus unserem Gesichtsfeld nun auch körperlich verschwunden war. Erst zu diesem Zeitpunkt war der Moment der endgültigen Einsamkeit spürbar. Die Kinder ohne Mutter, ich ohne Frau. Auch unsere Hunde haben sehr getrauert, die ein sehr enges Verhältnis zu ihr hatten.

Es gab viel zu tun, aber nach der Bestattung leerte sich das Haus und ich war endgültig allein. Meine bereits erwachsenen Kinder gingen wieder zurück in ihr eigenes Leben. Ich war dann mit dem Haus, unseren Hunden und meiner Praxis allein und musste funktionieren. Ich musste meinen Patienten eine Stütze sein, obwohl ich selbst eine Stütze gebraucht hätte. Das war besonders belastend.

In der akuten Trauerzeit bin ich fast jeden Morgen, als es noch dunkel war, gejoggt. Dabei konnte ich weinen. Abends nach der Praxis, im Dunkeln, habe ich meine Frau auf dem Friedhof besucht. Das war für mich sehr hilfreich. Ich wollte niemanden treffen, ich wollte allein mit ihr und meinem Schmerz sein. Das ging den ganzen Herbst so, bis in den Winter.

Diese Rituale waren für mich sehr schmerzlich und hilfreich zugleich. Auch körperliche Aktivität und die Trauer allein zu leben waren für mich sehr wichtig. Nur so habe ich die Absolutheit der Endgültigkeit verstehen können. Ich habe mich in die Trauer gestürzt, sie durchlebt und gleichzeitig intuitiv gespürt, dass ich weitergehen muss, um wieder eine Perspektive zu haben.

So tauchte irgendwann in mir vorsichtig der Wunsch nach einer neuen Partnerin auf. Damit entwickelte sich allmählich eine neue Lebensperspektive. Mit meiner neuen Frau hat sich mein Leben radikal verändert.

Im Nachhinein habe ich festgestellt, dass ich die Trauer und die damit verbundene Transformation gut geschafft habe. Ich habe Stärken in mir entdeckt, von denen ich vorher nichts wusste und die ich auch nicht für möglich gehalten habe. Seit ein paar Jahren bin ich in meinem neuen Leben angekommen und kann wieder ein zufriedenes und glückliches Leben führen.

Eine Tochter, die ihren Vater verloren hat

Als mein Vater eine Krebsdiagnose bekam, war mir schnell klar, dass seine Lebenszeit sehr begrenzt sein wird. Die Krankheitszeit hat insgesamt vier Jahre gedauert. Ich lebte ab da in einer Ambivalenz. Meine Angst, ihn zu verlieren und die Hoffnung, dass er doch noch überleben könnte, haben sich abgewechselt. Ein Leben ohne meinen Vater war für mich unvorstellbar. Das hat in mir viele Ängste hervorgerufen.

In seiner Krankheitszeit war ich sehr belastet, da ich die einzige Angehörige war und mich auch um seine Pflege kümmern musste. In dieser schweren Zeit fühlte ich mich chronisch überfordert und allein.

Als er gestorben war, konnte ich anfänglich nichts spüren. Ich war wie betäubt und gleichzeitig verzweifelt. Es gab viel zu tun. Der Aktionismus, der dann losbrach - das Organisieren-Müssen der Beerdigung, die Trauerfeier, das Auflösen der Wohnung, das Informieren von Freunden - hat mich anfänglich gerettet, weil ich etwas tun konnte.

Später, als ich seinen Wohnungsschlüssel abgegeben habe, den Schlüssel der Wohnung, in der ich meine Kindheit verbracht hatte, habe ich gefühlt auch einen Teil meiner Vergangenheit und meiner Identität verloren. Das war sehr schmerzvoll.

Das Verhältnis zu meinem Vater war nicht immer einfach, sodass auch mein Trauerprozess erschwert war. Wir hatten aber vor seinem Tod noch Zeit, einige wichtige Dinge anzusprechen und konnten sie versöhnlich klären. Das war für meine Trauer und für mein Leben danach sehr bedeutsam.

Das Jahr, in dem er gestorben ist, war das schlimmste in meinem Leben, weil es noch durch andere Verluste geprägt war. Ich fühlte mich in meinem beruflichen und privaten

Leben vollkommen verloren. Diese schmerzvolle Zeit war geprägt von tiefer Trauer und depressiven Verstimmungen.

Eine therapeutische Begleitung war mir in dieser Zeit sehr hilfreich und ich habe viel innerseelische Arbeit geleistet. Letztendlich habe ich es geschafft, die Realität des Verlustes anzuerkennen. Das war für mich der schwierigste Schritt.

Danach konnte ich allmählich auch wieder schöne Erinnerungen zulassen und seine Persönlichkeit sowie seinen ausgeprägten Sinn für Humor in meinen Gedanken wiederbeleben und darüber schmunzeln. Ich kann mich im Rückblick darüber freuen, dass er sich in seiner Krankheitszeit entwickelt hat. Das hat dazu geführt, dass wir noch einmal eine harmonische und innige Verbundenheit miteinander leben konnten. Heute bin ich erstaunt darüber, wie sehr er mit seinem Lebensende Frieden schließen konnte. Viel mehr, als es mir möglich war.

Der Verlust von meinem Vater hat mich sowohl beruflich als auch privat Vieles gelehrt, über mich selbst und über das Leben. Heute lebe ich bewusster und das Bewusstsein unserer Endlichkeit machen mir mein Leben wertvoll und gibt dem gelebten Leben Sinn.

Inzwischen habe ich meine professionelle Berufung gefunden, bin verheiratet und habe eine kleine Tochter, die für mich das Wichtigste in meinem Leben ist. Im Rahmen ihrer Erziehung kann ich viel mit meinem verlorenen Vater in Verbindung sein. Das erlebe ich als großes Geschenk, das er mir hinterlassen hat.

Eine Frau, die in jungen Jahren ihr Baby verloren hat

Mein Mann und ich freuten uns sehr auf unsere gemeinsame Tochter. Das letzte Drittel der Schwangerschaft war für mich sehr beschwerlich, weil es im Hochsommer sehr heiß war. Trotz allem waren wir guter Dinge. Ich ging jeden Tag zum Schwimmen und die Spannung stieg allmählich, da der Geburtstermin immer näherkam. Alles war vorbereitet. Eine Woche vor dem errechneten Termin stand die letzte Untersuchung beim Gynäkologen an. Wie gewohnt wurde ein CTG geschrieben, um die Herztöne zu kontrollieren. Die Arzthelferin wurde nervös und rief nach dem Arzt. Er sagte dann plötzlich: „Ich höre keine Herztöne mehr, das Baby ist tot." Diese Aussage traf mich wie ein Schlag ins Gesicht. Ich hörte zwar, was der Arzt sagte, konnte es aber nicht wirklich verstehen.

Ich fühlte mich wie unter einer Glasglocke. Wir fuhren ins Krankenhaus und ich habe meine Tochter, von der ich wusste, dass sie nicht mehr lebt, noch in derselben Nacht auf natürlichem Weg geboren. Mir wurden Schmerzmittel angeboten, aber ich habe abgelehnt, weil ich immer noch heimlich hoffte, dass sie noch lebt und die Ärzte sich getäuscht haben. Ich war heimlich überzeugt, dass sie noch am Leben ist und wollte ihr mit Schmerzmitteln keinen Schaden zufügen.

Die Wahrheit aber war, dass ich nach der Geburt meine verstorbene Tochter im Arm hielt. Ihre Geburt war gleichzeitig ihr Todestag. Dieses Drama hat unser Leben grundlegend auf den Kopf gestellt und verändert. Die Trauer und der Schmerz waren unsäglich. Wir spürten eine tiefe Einsamkeit, denn unsere Tochter war ja für andere nicht sichtbar und existent und so konnte keiner unsere abgrundtiefe Trauer so recht verstehen. Diese Erfahrung war die Wunde meines Lebens und es hat sehr lange gedauert, bis sie heilen konnte.

Heute, Jahrzehnte später, habe ich damit leben gelernt. Meine verstorbene Tochter war meine Lebens-Lehrmeisterin. Sie hat mich gelehrt, wie kostbar, unverwechselbar und einzigartig jeder Mensch ist und wie dankbar wir sein können, wenn wir mit unseren geliebten Angehörigen leben können. Ich habe erst durch ihren Tod verstanden, dass das Leben verletzlich und endlich ist, dass wir Menschen immer wieder Schicksalsschläge meistern müssen und wir dazu auch in der Lage sind. Obwohl ich damals dachte, dass ich das nie schaffen werde. Es war eine existenzielle Grenzerfahrung im wahrsten Sinne des Wortes.

Hilfreich waren mir in der schwersten Zeit der Austausch mit anderen verwaisten Eltern und die Tatsache, dass mein Mann und ich uns gegenseitig Halt geben konnten. Das gelingt nicht allen Paaren. Später haben wir noch ein weiteres Kind bekommen, was auch eine zutiefst heilsame Erfahrung für uns war. Heute haben alle Kinder in unserem Herzen ihren Platz. Sie sind geliebt und gewollt und das Wichtigste in meinem Leben. Heute leben sie natürlicherweise ihr eigenes Leben.

Durch den Tod meiner Tochter habe ich die Erfahrung gemacht, dass wir in Krisen in der Lage sind, über uns hinauszuwachsen. Das hat mir für mein weiteres Leben einen gewissen Grundoptimismus beschert, der mir auch später in Krisensituationen hilfreich war. Ich habe erfahren, dass ich standhaft sein kann und Durchhaltevermögen habe.

Heute kann ich wieder froh sein und mein Leben genießen, was ich damals für unmöglich hielt. Das empfinde ich als ein wunderbares Geschenk meiner verstorbenen Tochter an mich.

„Man muss den Dingen
die eigene, stille
ungestörte Entwicklung lassen,
die tief von innen kommt
und durch nichts gedrängt
oder beschleunigt werden kann,
alles ist austragen- und
dann gebären…

Reifen wie ein Baum,
der seine Säfte nicht drängt,
und getrost in den Stürmen des Frühlings steht,
ohne Angst,
dass dahinter kein Sommer kommen könnte.

Er kommt doch!

Aber er kommt nur zu den Geduldigen,
die da sind, als ob
die Ewigkeit vor ihnen läge,
so sorglos, still und weit…

Man muss Geduld haben
für das Ungelöste im Herzen,
und versuchen,
die Fragen selber lieb zu haben,
wie verschlossene Stuben,
und wie Bücher,
die in einer fremden Sprache geschrieben sind.

Es handelt sich darum alles zu leben.
Wenn man die Fragen lebt,
lebt man allmählich,
ohne es zu merken ,
eines fernen Tages in die Antwort hinein."

Rainer Maria Rilke

Literatur

Brathuhn, S. (2006). Trauer und Selbstwerdung. Eine philosophisch-pädagogische Grundlegung des Phänomens Trauer, Königshausen/Neumann

Canacakis, J. (1987). Ich sehe deine Tränen Kreuz

Ennulat, G. (2003). Kinder trauern anders. Wie wir sie einfühlsam und richtig begleiten. Herder

Kast, V. (1996). Der Schöpferische Sprung DTV

Magerl, H. (2022). 2. Auflage Sterbende und Trauernde belgeiten. Leid(t)Faden. Palliativ Care verstehen- Band 5 Hospizverlag

Metz Ch., Die vielen Gesichter der Trauer, in Psychotherapie-Wissenschaft, Heft 3,(2011/182)

Worden, W. (2011). Beratung und Therapie in Trauerfällen, Bern: Huber

Kontaktadressen die hilfreich für Sie sein können

Bundesverband Trauerbegleitung (BVT), Weinstraße 100, D-76889 Klingenmünster, Tel.: 05545-6990130, Mail: info@bv-trauerbegleitung.de

Bundesverband verwaiste Eltern und trauernde Geschwister in Deutschland (Veid) Roßplatz 8a, D-04103 Leipzig, Tel.: 0341-9468884, Mail: kontakt@veid.de

Deutscher Hospiz- und PalliativVerband, Achenerstr 5, D-10713 Berlin, Tel.: 030-8200758-0, Mail: info@dhpv.de

Hier erhalten Sie ein Verzeichnis von allen Angeboten für Trauernde in den einzelnen Bundesländern und Städten.

Bundesweit gibt es in Ihrer Stadt oder Ihrem Landkreis einen Ambulanten Hospizverein, der Beratung und zahlreiche Angebote für Trauernde bereithält und Ihnen weiterhelfen kann.

Alle Angebote sind kostenfrei!

Impressum

Bibliografische Information der Deutschen Bibliothek
Die Deutsche Bibliothek verzeichnet diese Publikation in der Deutschen Nationalbibliografie; detaillierte bibliografische Daten sind im Internet über http://dnb.dnb.de abrufbar.

Bibliographic information published by the Deutsche Bibliothek The Deutsche Bibliothek lists this publication in the Deutsche Bibliothek; detailed bibliographic data is available in the internet at http://dnb.dnb.de

DAS TASCHENBUCH FÜR TRAUERNDE

für alle, die einen geliebten Menschen verloren haben

Heidi Magerl

ISBN: 978-3-946527-64-0

Gestaltung: der hospiz verlag
Druck: MCP, Polen

der hospiz verlag Caro & Cie. oHG
Schellbergstraße 7 . 70188 Stuttgart
katharina.buck@hospiz-verlag.de
www. hospiz-verlag.de